# DISCLAIMER

The author and publisher are providing this book and its contents on an "as is" basis and make no representations or warranties of any kind with respect to this book or its contents. The author and publisher disclaim all such representations and warranties, including but not limited to warranties of merchantability. In addition, the author and publisher do not represent or warrant that the information accessible via this book is accurate, complete, or current.

Except as specifically stated in this book, neither the author nor publisher, nor any authors, contributors, or other representatives will be liable for damages arising out of or in connection with the use of this book. This is a comprehensive limitation of liability that applies to all damages of any kind, including (without limitation) compensatory; direct, indirect, or consequential damages; loss of data, income, or profit; loss of or damage to property; and claims of third parties.

Copyright © 2022 LINGUAS CLASSICS

# BESTACTIVITYBOOKS.COM

All rights reserved. No part of this book may be reproduced or used in any manner without the written permission of the copyright owner except for the use of quotations in a book review.

FIRST EDITION - Published 2022

Extra Graphic Material From: www.freepik.com
Thanks to: Alekksall, Starline, Pch.vector, Rawpixel.com, Vectorpocket, Dgim-studio, Upklyak, Macrovector, Stockgiu, Pikisuperstar & Freepik.com Designers

This Book Comes With Free Bonus Puzzles
Available Here:

**BestActivityBooks.com/WSBONUS20**

# 5 TIPS TO START!

## 1) HOW TO SOLVE

The Puzzles are in a Classic Format:

- Words are hidden without breaks (no spaces, dashes, ...)
- Orientation: Forward & Backward, Up & Down or in Diagonal (can be in both directions)
- Words can overlap or cross each other

## 2) ACTIVE LEARNING

To encourage learning actively, a space is provided next to each word to write down the translation. The **DICTIONARY** allows you to verify and expand your knowledge. You can look up and write down each translation, find the words in the Puzzle then add them to your vocabulary!

## 3) TAG YOUR WORDS

Have you tried using a tag system? For example, you could mark the words which have been difficult to find with a cross, the ones you loved with a star, new words with a triangle, rare words with a diamond and so on...

## 4) ORGANIZE YOUR LEARNING

We also offer a convenient **NOTEBOOK** at the end of this edition. Whether on vacation, travelling or at home, you can easily organize your new knowledge without needing a second notebook!

## 5) FINISHED?

Go to the bonus section: **MONSTER CHALLENGE** to find a free game offered at the end of this edition!

Want more fun and learning activities? It's **Fast and Simple!**
An entire Game Book Collection just **one click away!**

Find your next challenge at:

BestActivityBooks.com/MyNextWordSearch

# Ready, Set... Go!

Did you know there are around 7,000 different languages in the world? Words are precious.

We love languages and have been working hard to make the highest quality books for you. Our ingredients?

A selection of indispensable learning themes, three big slices of fun, then we add a spoonful of difficult words and a pinch of rare ones. We serve them up with care and a maximum of delight so you can solve the best word games and have fun learning!

-------

Your feedback is essential. You can be an active participant in the success of this book by leaving us a review. Tell us what you liked most in this edition!

Here is a short link which will take you to your order page.

BestBooksActivity.com/Review50

Thanks for your help and enjoy the Game!

*Linguas Classics Team*

# 1 - Food #1

```
A Q C L E I T E W K N T N A
C P U E I H Y L U R R A A M
E E Y A D M Q V O D Y L Y E
V R B S S A Ã R M Z R H M N
A A C O A E N O H D P O A D
D E A P L Y A B E E H L N O
A F N A A B Ç S U C O J I
A F E U D Ç O N P Z L K E M
T L L X A K Ú R I I E W R Ç
U T A W K P H C N I A X I L
M O R A N G O D A M A S C O
C E N O U R A P F R M A Ã O
C R E F O Z V G R G L L O H
P S L X W L F J E K R Z W W
```

DAMASCO
CEVADA
MANJERICÃO
CENOURA
CANELA
ALHO
SUCO
LIMÃO
LEITE
CEBOLA

AMENDOIM
PERA
SALADA
SAL
SOPA
ESPINAFRE
MORANGO
AÇÚCAR
ATUM
NABO

# 2 - Castles

```
R N Q C A T A P U L T A L N
C A V A L O Ç P Ç S O K L O
Q P A R E D E P K W R D X B
L I T S M A S M O R R A P R
S U N I C Ó R N I O E W A E
Z P Y M C H E M Ç Q Q P L S
H R A P T T I A A Ç Q R Á C
A Í S É Q H N K H D S G C U
E N J R U N O G E L U D I D
S C T I F E U D A L I R O O
P I V O D I N A S T I A A S
A P R I N C E S A H W G E B
D E C A V A L E I R O Ã X H
A Z H B Q M C O R O A O Q W
```

ARMADURA
CATAPULTA
COROA
DRAGÃO
MASMORRA
DINASTIA
IMPÉRIO
FEUDAL
CAVALO
REINO

CAVALEIRO
NOBRE
PALÁCIO
PRÍNCIPE
PRINCESA
ESCUDO
ESPADA
TORRE
UNICÓRNIO
PAREDE

# 3 - Exploration

| | | | | | | | | | | | |
|---|---|---|---|---|---|---|---|---|---|---|---|
| N | O | V | O | E | T | Ç | Y | X | R | Ç | Q | O | W |
| L | B | C | P | X | E | X | A | U | S | T | Ã | O | D |
| O | U | O | E | C | R | A | N | I | M | A | I | S | E |
| E | S | R | R | I | R | V | D | M | Q | B | T | X | S |
| D | C | A | I | T | E | S | P | A | Ç | O | P | L | C |
| I | A | G | G | A | N | E | Q | Z | Ç | S | C | M | O |
| S | F | E | O | Ç | O | Q | X | V | E | N | X | Q | B |
| T | L | M | S | Ã | A | T | I | V | I | D | A | D | E |
| A | C | Í | Ç | O | A | P | R | E | N | D | E | R | R |
| N | C | L | N | S | E | L | V | A | G | E | M | O | T |
| T | C | L | Z | G | V | D | X | X | Z | V | P | N | A |
| E | F | D | T | C | U | L | T | U | R | A | S | C | G |
| V | I | A | G | E | M | A | M | P | W | C | J | H | A |
| D | E | S | C | O | N | H | E | C | I | D | O | H | C |

ATIVIDADE
ANIMAIS
CORAGEM
CULTURAS
DESCOBERTA
DISTANTE
EXCITAÇÃO
EXAUSTÃO
PERIGOS

LÍNGUA
NOVO
BUSCA
ESPAÇO
TERRENO
APRENDER
VIAGEM
DESCONHECIDO
SELVAGEM

# 4 - Measurements

```
P G U L Q U I L Ô M E T R O
D W Y T I V Q R O U P C A D
M A S S A T O Ç F M E T R O
I J V G S G R L N A S L P I
I Z H G R A U O U M O A O D
A D M E S F D F O M F R L E
Q U I L O G R A M A E G E C
P R N B Y T E G A W N U G I
K Y U J R M N R W L E R A M
X N T Ç A B U A M Z T A D A
I X O M R J R M E S U U A L
C Y F O N Ç A A N N M Z R U
E H O C E N T Í M E T R O A
T O N E L A D A R Z B N U I
```

BYTE
CENTÍMETRO
DECIMAL
GRAU
GRAMA
ALTURA
POLEGADA
QUILOGRAMA
QUILÔMETRO
LITRO
MASSA
METRO
MINUTO
ONÇA
TONELADA
VOLUME
PESO
LARGURA

# 5 - Farm #2

```
T C C M L V P P C E V A D A
R E O A F E R A R P A T O L
I L L D B G Y Z S A C K C I
G E M U D E G I J T D K A R
O I E R P T T K J K O O D R
G R I O J A L H A M A R C I
T O A X A L K W D I A E O G
L R K O V E L H A L N B R A
H F A H V I Q D B H I K D Ç
M R X T P T N D C O M H E Ã
R U Y Y O E K R Y W A C I O
A T M V M R Q Z X T I F R I
F A X E A X R W B V S V O C
Y P A G R I C U L T O R D B
```

ANIMAIS
CEVADA
CELEIRO
COLMEIA
MILHO
PATO
AGRICULTOR
FRUTA
IRRIGAÇÃO
CORDEIRO

LHAMA
PRADO
LEITE
POMAR
MADURO
OVELHA
PASTOR
TRATOR
VEGETAL
TRIGO

# 6 - Books

```
I N V E N T I V O U H J D C
O E A L I T E R Á R I O U O
H U M O R A D O Y I S R A N
A U T O R V J W F Q T E L T
H I S T Ó R I C O M Ó L I E
C E W A I U S E P K R E D X
É O N A R R A D O R I V A T
P P L T R Á G I C O A A D O
L O I E S C R I T O G N E B
E E E Ç Z S I L S I T Ç U
I S H M O Ã E B F O Z E M G
T I K Ç A O O R O M A N C E
O A V E N T U R A Z Ç Z D M
R P Á G I N A D L L M J O A
```

AVENTURA
AUTOR
COLEÇÃO
CONTEXTO
DUALIDADE
ÉPICO
HISTÓRICO
HUMORADO
INVENTIVO
LITERÁRIO

NARRADOR
ROMANCE
PÁGINA
POEMA
POESIA
LEITOR
RELEVANTE
HISTÓRIA
TRÁGICO
ESCRITO

# 7 - Meditation

| | | | | | | | | | | | | | |
|---|---|---|---|---|---|---|---|---|---|---|---|---|---|
| C | P | E | N | S | A | M | E | N | T | O | S | P | M |
| M | A | Ç | U | W | I | B | O | N | D | A | D | E | E |
| Ú | C | L | M | O | V | I | M | E | N | T | O | R | N |
| S | O | C | M | G | R | A | T | I | D | Ã | O | S | T |
| I | R | O | S | O | E | M | E | N | T | A | L | P | E |
| C | D | M | I | A | S | C | P | I | U | C | Y | E | D |
| A | A | P | L | P | P | W | L | A | P | W | G | C | H |
| H | D | A | Ê | R | I | Z | A | A | Z | B | G | T | Á |
| P | O | I | N | E | R | A | U | Ç | R | D | C | I | B |
| O | I | X | C | N | A | N | D | D | Y | E | E | V | I |
| O | N | Ã | I | D | N | A | T | U | R | E | Z | A | T |
| C | N | O | O | E | D | E | P | T | Z | K | K | A | O |
| E | H | Y | Ç | R | O | E | M | O | Ç | Õ | E | S | S |
| A | C | E | I | T | A | Ç | Ã | O | I | L | D | X | D |

ACEITAÇÃO
ACORDADO
RESPIRANDO
CALMO
CLAREZA
COMPAIXÃO
EMOÇÕES
GRATIDÃO
HÁBITOS
BONDADE

MENTAL
MENTE
MOVIMENTO
MÚSICA
NATUREZA
PAZ
PERSPECTIVA
SILÊNCIO
PENSAMENTOS
APRENDER

# 8 - Days and Months

```
C Q C N W Q G Ç D K S P W M
D U A O L U F M L O Á H O Ê
O A L V G I L I T M B H Q S
A R E E Y N F S E M A N A O
G T N M R T Z F R R D R B L
O A D B J A N E I R O O Ç U
S F Á R T F J O A B R I L O
T E R O K E Z U U T E R Ç A
O I I A W I Z I L T T J Q H
C R O N U R P X L H U B T E
B A O O J A T G F X O B S H
F E V E R E I R O V U T R W
X T D O M I N G O H J R U O
Z X S E X T A F E I R A A A
```

ABRIL
AGOSTO
CALENDÁRIO
FEVEREIRO
SEXTA-FEIRA
JANEIRO
JULHO
MARÇO
MÊS
NOVEMBRO
OUTUBRO
SÁBADO
DOMINGO
QUINTA-FEIRA
TERÇA
QUARTA-FEIRA
SEMANA
ANO

# 9 - Chess

```
P P O C O J Y H J T B U H E
R O A P E Y B Z O E R Y G S
E G N S T T T W G M A Ç J T
T M A T S L Y C A P N V U R
O U P S O I Z O D O C J B A
Ç D R A H S V T O T O J D T
T E E C W Y U O R W Z R I É
G S N R E I B R A I N H A G
J A D I Ç R R N J G V P B I
Y F E F K E G E U Ç A K G A
J I R Í X G D I A G O N A L
C O N C U R S O O Y E P S T
W S G I A A O P O N E N T E
V W X O H S C A M P E Ã O J
```

PRETO
DESAFIOS
CAMPEÃO
CONCURSO
DIAGONAL
JOGO
REI
OPONENTE
PASSIVO
JOGADOR

PONTOS
RAINHA
REGRAS
SACRIFÍCIO
ESTRATÉGIA
TEMPO
APRENDER
TORNEIO
BRANCO

# 10 - Food #2

```
I O G U R T E O B H C I B Ç
F V V U Ç U X R R A O J A M
D H E O M A Ç Ã Ó Z G D N I
Z X L W S B P Ç C V U Z A T
D T R I G O E X O K M V N B
T O M A T E I R L W E M A A
Q U E I J O X H I H L D P R
A I P O O R E L S N O O K R
A L C A C H O F R A G B J O
K U B I I C E R E J A E O Z
O I V Q F R A N G O G E L E
Y M W Y A P R E S U N T O A
L S Y I L Q U O Q V Y J Ç Q
C H O C O L A T E A Z M P T
```

MAÇÃ
ALCACHOFRA
BANANA
BRÓCOLIS
AIPO
QUEIJO
CEREJA
FRANGO
CHOCOLATE
OVO

BERINGELA
PEIXE
UVA
PRESUNTO
KIWI
COGUMELO
ARROZ
TOMATE
TRIGO
IOGURTE

# 11 - Family

```
M V T A N T E P A S S A D O
W F I L H A Y A A R H S X M
D S A M L N I I Ç T E O U Q
C R I A N Ç A R G Q E B O E
S Y N R C V W M M X O R J S
O Q F I E O Q Ã W Ã R I N P
B K Â D W W T O P Y T N I O
R T N O D U O C F Z L H R S
I P C R M A T E R N O A A A
N J I C Ã M V C V G Q X J V
H W A P E C R I A N Ç A S Ô
O H T N E T O R G P Z T S H
P R I M O X P K I R S S I H
Q R X I R Q B Z G F B E N O
```

ANTEPASSADO
TIA
IRMÃO
CRIANÇA
INFÂNCIA
CRIANÇAS
PRIMO
FILHA
PAI
AVÔ

NETO
MARIDO
MATERNO
MÃE
SOBRINHO
SOBRINHA
PATERNO
IRMÃ
TIO
ESPOSA

# 12 - Farm #1

```
S  C  Ã  O  J  H  C  S  E  E  S  H  F  F
L  E  A  X  X  B  A  A  X  C  R  T  E  R
T  O  M  V  A  C  A  Ç  B  E  M  H  R  A
N  Ç  X  E  A  E  W  B  U  R  R  O  T  N
L  G  Y  F  N  L  T  Ç  G  G  A  H  I  G
I  P  H  C  C  T  O  B  I  S  Ã  O  L  O
N  A  K  M  S  C  E  R  C  A  Ç  L  I  A
N  A  G  L  B  O  L  S  M  C  A  W  Z  K
P  B  E  Z  E  R  R  O  E  A  R  A  A  O
Á  E  Y  G  D  V  B  B  L  M  R  A  N  X
G  L  F  S  E  O  G  F  Y  P  O  U  T  U
U  H  E  G  A  T  O  C  Y  O  Z  K  E  G
A  A  N  A  G  R  I  C  U  L  T  U  R  A
O  E  O  M  U  L  L  M  O  P  E  A  U  Z
```

AGRICULTURA
ABELHA
BISÃO
BEZERRO
GATO
FRANGO
VACA
CORVO
CÃO
BURRO

CERCA
FERTILIZANTE
CAMPO
CABRA
FENO
MEL
CAVALO
ARROZ
SEMENTES
ÁGUA

# 13 - Camping

| | | | | | | | | | | | | |
|---|---|---|---|---|---|---|---|---|---|---|---|---|
| C | A | N | O | A | A | N | I | M | A | I | S | F | D |
| H | N | H | P | N | V | E | B | Ú | S | S | O | L | A |
| A | W | Y | N | A | E | Ç | Y | W | L | W | I | O | T |
| P | M | Ç | G | T | N | C | O | R | D | A | T | R | A |
| É | S | H | T | U | T | X | Á | R | V | O | R | E | S |
| U | S | C | G | R | U | G | A | W | Ç | W | S | S | C |
| C | F | V | I | E | R | E | V | N | Q | O | T | T | I |
| Ç | A | O | P | Z | A | H | I | U | A | L | U | A | F |
| A | C | B | G | A | Q | M | O | N | T | A | N | H | A |
| M | C | L | I | O | M | Ç | P | B | X | G | Y | P | O |
| P | A | G | I | N | S | E | T | O | L | O | A | K | Z |
| K | Ç | P | Y | I | E | T | E | N | D | A | N | M | E |
| M | A | C | A | H | Ç | S | S | L | Q | V | Q | J | C |
| E | Q | U | I | P | A | M | E | N | T | O | Q | M | T |

AVENTURA  
ANIMAIS  
CABINE  
CANOA  
BÚSSOLA  
EQUIPAMENTO  
FOGO  
FLORESTA  
MACA  
CHAPÉU  

CAÇA  
INSETO  
LAGO  
MAPA  
LUA  
MONTANHA  
NATUREZA  
CORDA  
TENDA  
ÁRVORES

# 14 - Conservation

| | | | | | | | | | | | |
|---|---|---|---|---|---|---|---|---|---|---|---|
| I | C | R | E | C | I | C | L | A | R | N | C | E | U |
| Ç | W | I | A | A | B | B | Á | G | U | A | L | C | Y |
| T | J | V | C | M | Ç | D | V | M | N | T | I | O | S |
| S | G | L | V | L | B | T | D | E | K | U | M | S | U |
| A | W | Ç | E | P | O | I | K | F | G | R | A | S | S |
| V | Ç | J | R | L | E | N | E | J | I | A | L | I | T |
| S | A | Ú | D | E | W | S | O | N | X | L | J | S | E |
| T | P | A | E | Ç | N | H | T | O | T | H | H | T | N |
| V | O | L | U | N | T | Á | R | I | O | A | Y | E | T |
| E | D | U | C | A | Ç | Ã | O | O | C | B | L | M | Á |
| Z | E | K | P | Q | R | E | D | U | Z | I | R | A | V |
| O | R | G | Â | N | I | C | O | X | L | T | D | Y | E |
| S | W | I | N | K | I | J | A | B | J | A | E | A | L |
| P | O | L | U | I | Ç | Ã | O | W | G | T | E | Z | L |

CLIMA
CICLO
ECOSSISTEMA
EDUCAÇÃO
AMBIENTAL
VERDE
HABITAT
SAÚDE
NATURAL

ORGÂNICO
PESTICIDA
POLUIÇÃO
RECICLAR
REDUZIR
SUSTENTÁVEL
VOLUNTÁRIO
ÁGUA

# 15 - Cats

```
L Ç E F K M K U P B N C W O
R J N H K O P W E R F A T K
I A G C A U D A R I Q Ç K C
D S R A B S K Ç S N G A Q U
O G A B R E R G O C I D Ç R
R D Ç N Ç R L L N A B O I I
M L A F I O A O A L P R N O
I S D M T O R U L H O A E S
R L O P Q R K C I Ã F S T O
K K A L I Ç M O D O P S A A
K J R D S C J I A A S E S R
C F S T T Í M I D O C H L V
S S S E L V A G E M E V F E
I N D E P E N D E N T E G O
```

GARRA
LOUCO
CURIOSO
ENGRAÇADO
PELE
CAÇADOR
INDEPENDENTE
MOUSE

PATA
PERSONALIDADE
BRINCALHÃO
TÍMIDO
DORMIR
CAUDA
SELVAGEM
FIO

# 16 - Numbers

```
V X R Y G X T D S E E E J Q
E I V X C C P E E U F K Q U
J R N O X P G Z I Z O O D A
F D D T R Ê S E S R G P E T
V O E D E Z E S S E T E C R
T I Z O Ç Q U S S W N W I O
T S E Z A O U E E Z O K M D
R Z N E P L Ç I L Y V A A E
E F O F U M R S N H E O L Z
Z O V C I N C O T Z E I P O
E D E H X L F K Q S E T E I
Y F U S F B B W Ç N F O L T
V Y D W K F R Q J U R I H O
N G Q U A T O R Z E F O J F
```

| | |
|---|---|
| DECIMAL | SETE |
| OITO | DEZESSETE |
| DEZOITO | SEIS |
| QUINZE | DEZESSEIS |
| CINCO | DEZ |
| QUATRO | TREZE |
| QUATORZE | TRÊS |
| NOVE | DOZE |
| DEZENOVE | VINTE |
| UM | DOIS |

# 17 - Spices

```
F A M A R G O N X Y F C B A
P U Z P E W C O R G C A M Ç
Y Á N D O C E Z M N H R O A
C B P C N K B M E H E I Ç F
O A P R H E O O B A A L Ç R
E U P P I O L S A B O R G Ã
N N R I M C A C W F Y B E O
T I S C W D A A N I S E N J
R L I A L H O D Z N W C G A
O H B N L X L A I W Q R I H
V A F E N O G R E G O A B J
Ç L G L C O M I N H O V R B
M E C A R D A M O M O O E R
V P B D U N J H S R X A T V
```

ANIS
AMARGO
CARDAMOMO
CANELA
CRAVO
COENTRO
COMINHO
CARIL
FUNCHO
FENO-GREGO
SABOR
ALHO
GENGIBRE
NOZ-MOSCADA
CEBOLA
PÁPRICA
AÇAFRÃO
SAL
DOCE
BAUNILHA

# 18 - Mammals

```
Y S M G I R A F A A F K M E
B E B X G E M E X U K M B C
S V I J V P R P K C N E G A
R N P M C A U R T O U R O Y
K O S O A O T S R E U D R L
K T W F T C I U G L R Y I D
K D Z E B R A O A H S X L C
B A L E I A A C T O O K A A
C Ã O X Ç M Ç P O E G G F N
A W B Q X Y Ç P O W B A L G
S G O L F I N H O S U A E U
T C A V A L O T U V A K Ã R
O N Q O V E L H A R R K O U
R E L E F A N T E U N D I S
```

URSO
CASTOR
TOURO
GATO
COIOTE
CÃO
GOLFINHO
ELEFANTE
RAPOSA
GIRAFA

GORILA
CAVALO
CANGURU
LEÃO
MACACO
COELHO
OVELHA
BALEIA
LOBO
ZEBRA

# 19 - Fishing

```
B P S F R T S E H Ç K O C L
A R R F J R I Ç I T D C O A
R B Â A W I Á B E Y V E Z G
C J U N I O G P E S O A I O
O H T T Q A U A M B E N N M
C A R M D U A L N G O O H A
E K X T Y F I O B C N O A N
S T E M P O R A D A H Q R D
T I S C A A N U S O V O N Í
A E Q U I P A M E N T O Ç B
Z R Y R E Z O Ç D O H U U U
D P A C I Ê N C I A X N G L
B A R B A T A N A S L X W A
E X A G E R O I F C V F E Q
```

ISCA
CESTA
PRAIA
BARCO
COZINHAR
EQUIPAMENTO
EXAGERO
BARBATANAS
BRÂNQUIAS
GANCHO

MANDÍBULA
LAGO
OCEANO
PACIÊNCIA
RIO
TEMPORADA
ÁGUA
PESO
FIO

# 20 - Restaurant #1

```
M C F R A N G O F P T Ç G I
Q O D N Z L J Y F W I C U N
D Z L T P M E N U R G Z A G
M I U H Ã Ç C R K U E S R R
V N R L O I O A G E L X D E
P H V N P C M I F I A A A D
H A T Ç L A E H F É A T N I
A O P O A I R E S E R V A E
A C I Ç C X I U A O P Q P N
F A C A A A R C J P W E O T
D R A S O B R E M E S A T E
O N N G A R Ç O N E T E I S
V E T Q M B R B C S A W T Ç
Z L E J N S H N U I B Ç L Z
```

ALERGIA
TIGELA
PÃO
CAIXA
FRANGO
CAFÉ
SOBREMESA
INGREDIENTES
COZINHA
FACA

CARNE
MENU
GUARDANAPO
PLACA
RESERVA
MOLHO
PICANTE
COMER
GARÇONETE

# 21 - Bees

```
H Q E C O S S I S T E M A Q
Ç A C T Y S A E S X O L N Y
C N B O S N U F R P Ó L E N
I C N I R X N D Q L I Y B A
M E L V T Ç M I H A N L E A
X R K J Y A J V Q N S P N A
R A I N H A T E F T E S É S
J A R D I M D R U A T E F A
F T L D F L T S M S O E I S
F S F R U T A I A Ç I N C R
F L O R E S R D Ç Q G X O E
D C O L M E I A A V E A Ç H
Q D U R Ç E J D L Y O M V W
V S D E A M R E B M H E L X
```

BENÉFICO
FLOR
DIVERSIDADE
ECOSSISTEMA
FLORES
FRUTA
JARDIM
HABITAT
COLMEIA
MEL

INSETO
PLANTAS
PÓLEN
RAINHA
FUMAÇA
SOL
ENXAME
CERA
ASAS

# 22 - Sports

```
B G O V T K A H R C E R R G
A I N C Ê L A D Z W L D R I
S N J C N X B Y M V W M M N
Q Á V K I G E S T Á D I O Á
U S H N S F I G O L F E Á S
E I J O G O S M P T A J R T
T O C A M P E O N A T O B I
E G G N B G B J D H R G I C
A T L E T A O E D Ó B A T A
E T F P P K L D Q Q P D R Y
B I C I C L E T A U F O O S
M O V I M E N T O E I R S K
G A N H A D O R K I P P L F
T R E I N A D O R J I C E W
```

ATLETA
BEISEBOL
BASQUETE
BICICLETA
CAMPEONATO
TREINADOR
JOGO
GOLFE
GINÁSIO
GINÁSTICA
HÓQUEI
MOVIMENTO
JOGADOR
ÁRBITRO
ESTÁDIO
EQUIPE
TÊNIS
GANHADOR

# 23 - Weather

```
T T R J Y M P O W T E N N H
E E K F S G O C T J T E I X
M M N U V E M N C D V V G Ç
P P A R A L S V Ç G J O C V
E E T A A O N Z F Ã S E C A
R S M C B R I S A F O I L P
A T O Ã R D C T J U D R I P
T A S O Y U É O S E C O M O
U D F T D Q U R Í V A R A L
R E E U N U G N I R E O N A
A T R O P I C A L Q I N B R
I Y A X M M L D K E P S T C
T R O V Ã O F O L U D W S O
R E L Â M P A G O I I E O S
```

ATMOSFERA
BRISA
CLIMA
NUVEM
SECA
SECO
NEVOEIRO
FURACÃO
GELO
RELÂMPAGO

MONÇÃO
POLAR
ARCO-ÍRIS
CÉU
TEMPESTADE
TEMPERATURA
TROVÃO
TORNADO
TROPICAL
VENTO

# 24 - Adventure

```
N P E R I G O S O A D S D E
O A T N H W W C T C E E I X
V L T T T T L Q X H S G F C
O E P U W U N Q W A T U I U
W G W V R B S M E N I R C R
J R A Q F E R I E C N A U S
H I T Y R C Z A A E O N L Ã
G A I E B L Q A V S R Ç D O
N A V E G A Ç Ã O U M A A R
F C I B E L E Z A B R O D S
F X D E S A F I O S R A E A
V Q A P R E P A R A Ç Ã O Ç
D X D A M I G O S B T S I W
B Ç E I T I N E R Á R I O F
```

ATIVIDADE
BELEZA
BRAVURA
DESAFIOS
CHANCE
PERIGOSO
DESTINO
DIFICULDADE
ENTUSIASMO
EXCURSÃO
AMIGOS
ITINERÁRIO
ALEGRIA
NATUREZA
NAVEGAÇÃO
NOVO
PREPARAÇÃO
SEGURANÇA

# 25 - Circus

| | | | | | | | | | | | | |
|---|---|---|---|---|---|---|---|---|---|---|---|---|
| Q | T | I | G | R | E | N | D | V | L | F | E | M | E |
| A | C | R | O | B | A | T | A | O | U | G | N | Ú | S |
| N | X | E | A | R | M | E | X | A | C | W | T | S | P |
| S | Ç | O | J | J | G | N | N | H | Q | E | R | I | E |
| W | V | I | Z | M | E | D | M | W | J | M | E | C | T |
| T | R | U | Q | U | E | A | O | A | U | H | T | A | A |
| E | L | E | F | A | N | T | E | U | C | Ç | E | Q | C |
| B | A | L | Õ | E | S | Q | L | C | Ç | A | R | W | U |
| Y | Z | I | R | J | I | S | F | M | O | N | C | G | L |
| L | E | Ã | O | S | K | C | M | Á | G | I | C | O | A |
| Ç | C | P | Z | A | P | L | C | W | T | M | J | V | R |
| E | S | P | E | C | T | A | D | O | R | A | P | R | H |
| M | A | G | I | A | H | D | E | S | F | I | L | E | W |
| P | A | L | H | A | Ç | O | P | I | R | S | Z | D | X |

ACROBATA
ANIMAIS
BALÕES
DOCE
PALHAÇO
TRAJE
ELEFANTE
ENTRETER
LEÃO
MAGIA

MÁGICO
MACACO
MÚSICA
DESFILE
ESPETACULAR
ESPECTADOR
TENDA
TIGRE
TRUQUE

# 26 - Tools

| | | | | | | | | | | | |
|---|---|---|---|---|---|---|---|---|---|---|---|
| M | C | O | L | A | L | I | C | A | T | E | T | D | J |
| A | A | O | U | K | E | W | J | L | U | P | O | O | H |
| R | Ç | C | R | G | S | L | G | M | A | N | C | T | G |
| T | K | F | H | D | C | W | W | O | T | V | H | E | F |
| E | I | I | E | A | A | L | M | M | J | N | A | S | B |
| L | X | Y | S | R | D | Z | Ç | J | C | A | B | O | C |
| O | Q | J | T | N | A | O | S | Ç | G | V | V | U | K |
| F | G | R | M | Z | P | Q | X | B | N | A | H | R | V |
| R | W | N | C | A | H | B | P | Ç | W | L | K | A | L |
| O | D | H | A | X | A | F | M | A | L | H | O | E | G |
| D | L | T | F | Ç | Ç | H | D | G | R | A | M | P | O |
| A | S | I | P | A | R | A | F | U | S | O | H | Á | H |
| H | B | V | K | V | C | K | E | X | N | W | H | M | H |
| T | B | D | C | G | R | A | M | P | E | A | D | O | R |

MACHADO  
CABO  
COLA  
MARTELO  
FACA  
ESCADA  
MALHO  
ALICATE  
NAVALHA  

CORDA  
TESOURA  
PARAFUSO  
PÁ  
GRAMPO  
GRAMPEADOR  
TOCHA  
RODA

# 27 - Restaurant #2

```
U C O H S B B G C O T L W Q
J T G E L O O K A O V M J A
A D S O P A L M J R L O Q K
N E E W O R O I V K F H P D
T L C A D E I R A H T O E F
A I B X M V I F D Z M W I R
R C S R F B E B I D A Y X U
J I Á G U A X O R A C Ç E T
Y O M M G O G S P W A N B A
M S S G A Z O A O T R I X B
E O B Q R G Z L N S R R K X
A L M O Ç O G A U Z Ã W H Z
X J O H O B D D R P O O O W
L E G U M E S A L U O J Ç U
```

BEBIDA
BOLO
CADEIRA
DELICIOSO
JANTAR
OVO
PEIXE
GARFO
FRUTA
GELO
ALMOÇO
MACARRÃO
SALADA
SAL
SOPA
COLHER
LEGUMES
GARÇOM
ÁGUA

# 28 - Geology

```
V U L C Ã O M B O I D S A L
P P S G B G C S N J G G C M
Q E S T A L A C T I T E Á I
I U D S G A V R W T L Y L N
N V A R P V E I E E T S C E
Á H N R A A R S Z R M E I R
C C Y I T E N T E R C R O A
U H I Q G Z A A R E I F N I
I K M D F F O I O M C Ó G S
P W Z A O F E S S O L S H H
C A M A D A Z J Ã T O S J L
C O R A L Y G N O O S I L X
G P L A T Ô C O Q S N L G W
C O N T I N E N T E U L E Ç
```

ÁCIDO
CÁLCIO
CAVERNA
CONTINENTE
CORAL
CRISTAIS
CICLOS
TERREMOTO
EROSÃO
FÓSSIL
GEYSER
LAVA
CAMADA
MINERAIS
PLATÔ
QUARTZO
SAL
ESTALACTITE
PEDRA
VULCÃO

# 29 - House

```
X Q Q C S Q Q C H A V E S X
Z U U O K J L P O R Ã O L N
Y G A R A G E M E Z W Y L H
P O R T A A J G Q Ç I D Ç J
S I T I C S Ó T Ã O V N C Q
E V O N J E J B Ç Y A T H L
Y S E A A W R F A Ç S E U A
X G P S N P U C S A S L V R
Z E I E E H X T A B O H E E
I F S E L A T Z N C U A I I
D H O I A H L W G B R D R R
A B I B L I O T E C A O O A
P A R E D E J A R D I M E Z
M O B I L I Á R I O T Z H Ç
```

SÓTÃO
PORÃO
VASSOURA
CORTINAS
PORTA
CERCA
LAREIRA
PISO
MOBILIÁRIO
GARAGEM

JARDIM
CHAVES
COZINHA
BIBLIOTECA
ESPELHO
TELHADO
QUARTO
CHUVEIRO
PAREDE
JANELA

# 30 - Bathroom

```
Y D X W D N Z A A Z Z F U T
U S D X F X I W O E K A R O
V V W O B J X E F J S V L R
Q Á G U A O T S T X G X V N
S L P F N B N L T A P E T E
T O A L H A B I K M E S T I
C Ç E B O L H A S P R P E R
H Ã J S A K B Q A U F O S A
U O F C P N S V B H U N O I
V A P O R E H W Ã J M J U Y
E D A A N W L E O O E A R T
I O P J D Q Q H I B O T A A
R V K I X Y J P O R J V D S
O O R S W J J D U B O Y S R
```

BANHO
BOLHAS
TORNEIRA
LOÇÃO
ESPELHO
PERFUME
TAPETE
TESOURA
XAMPU
CHUVEIRO
SABÃO
ESPONJA
VAPOR
BANHEIRO
TOALHA
ÁGUA

# 31 - School #1

```
Z Y R P B I B L I O T E C A
M A R C A D O R E S K X D R
A I R W V P C A N E T A S E
T M F H Ç D E A Q C Y M A S
E L Y M Y C Ç L D Ç I E Q P
M E S A A K H Q P E Y S S O
Á R A W E L Á P I S I J K S
T I K S A M F W D Ç A R C T
I L I V R O S A R X W Z A A
C N Ú M E R O S B Y H Z M S
A L M O Ç O U W L E T E I L
P A S T A S M C K X T I G T
P R O F E S S O R D Y O O A
Q U E S T I O N Á R I O S R
```

ALFABETO
RESPOSTAS
LIVROS
CADEIRA
MESA
EXAMES
PASTAS
AMIGOS
BIBLIOTECA

ALMOÇO
MARCADORES
MATEMÁTICA
NÚMEROS
PAPEL
LÁPIS
CANETAS
QUESTIONÁRIO
PROFESSOR

# 32 - Dance

```
P X A P C L Á S S I C O S A
M O V I M E N T O G U V A C
A R S M A U G L A C L I L A
A K B T L R Y V B O T S T D
R V Y K U S T V G R U U A E
L A O K J R F E Y P R A R M
D F L N U M A N I O A L F I
E G X E Q C U L T U R A L A
N R O S G R H E M O Ç Ã O B
S A K K C R P A R C E I R O
A Ç V C O R E O G R A F I A
I A M Ú S I C A W G M S G Q
O Ç E A S R I T M O T N V Q
E X P R E S S I V O L Q C J
```

ACADEMIA
ARTE
CORPO
COREOGRAFIA
CLÁSSICO
CULTURAL
CULTURA
EMOÇÃO
EXPRESSIVO
GRAÇA

ALEGRE
SALTAR
MOVIMENTO
MÚSICA
PARCEIRO
POSTURA
ENSAIO
RITMO
VISUAL

# 33 - Colors

```
F J S S K P C K J U I P P Q
O U Ç B F B B I M P U Ç R Z
C A C W T C G H A K V L E M
Ç M I H A Z U L R N H A T S
Y A U K S Z L G R C O R O R
B R F O X I S P O I A A C O
M E E G B C A L M N X N A X
X L G Q N G Ç U A Z U J R O
P O G E J X X F G A F A M S
V I O L E T A Y E Q A Q E É
V Q V E R D E I N F P L S P
N U E P O R N P T T T P I I
B H H I S L B R A N C O M A
K U P V A V E R M E L H O X
```

BEGE
PRETO
AZUL
MARROM
CARMESIM
CIANO
FUCHSIA
VERDE
CINZA

MAGENTA
LARANJA
ROSA
ROXO
VERMELHO
SÉPIA
VIOLETA
BRANCO
AMARELO

# 34 - Climbing

| | | | | | | | | | | | |
|---|---|---|---|---|---|---|---|---|---|---|---|
| D | J | S | M | S | J | I | S | E | C | D | C | G | T |
| B | O | T | A | S | M | X | A | S | A | E | U | U | F |
| Z | T | D | D | X | D | M | Ç | P | P | S | R | I | O |
| C | A | V | E | R | N | A | L | E | A | A | I | A | R |
| T | T | F | G | B | S | P | U | C | C | F | O | S | Ç |
| E | M | P | Í | T | A | A | V | I | E | I | S | V | A |
| R | O | B | R | S | Z | D | A | A | T | O | I | O | V |
| R | S | E | P | X | I | J | S | L | E | S | D | Y | T |
| E | F | H | R | Z | O | C | E | I | B | Ç | A | A | G |
| N | E | Q | V | L | Q | K | O | S | H | E | D | T | H |
| O | R | E | S | T | R | E | I | T | O | C | E | Ç | C |
| C | A | M | I | N | H | A | D | A | R | F | Z | Q | W |
| E | S | T | A | B | I | L | I | D | A | D | E | Q | Z |
| A | L | T | I | T | U | D | E | X | N | C | J | E | U |

ALTITUDE
ATMOSFERA
BOTAS
CAVERNA
DESAFIOS
CURIOSIDADE
ESPECIALISTA
LUVAS
GUIAS
CAPACETE
CAMINHADA
MAPA
ESTREITO
FÍSICO
ESTABILIDADE
FORÇA
TERRENO

# 35 - Shapes

```
E K H L A R P L C X R M H P
W L A D O R R B D H P C I I
D M I X P O I C U B O Í P R
C Q A P Q J S O A P L R É Â
I U Q G S R M N D E I C R M
L E R N Y E A E F Z N U B I
I A G V W T A R C O H L O D
N X C K A Â T R C Z A O L E
D O Y M P N E S F E R A E S
R Z V H O G Q U A D R A D O
O Q N A I U H J R O V N E M
I Z I B L L O Y P J O Y I R
X G G W P O L Í G O N O T A
S I L C A N T O S B Ç H Z A
```

ARCO
CÍRCULO
CONE
CANTO
CUBO
CURVA
CILINDRO
ELIPSE
HIPÉRBOLE

LINHA
OVAL
POLÍGONO
PRISMA
PIRÂMIDE
RETÂNGULO
LADO
ESFERA
QUADRADO

# 36 - Scientific Disciplines

```
E  G  E  O  L  O  G  I  A  P  B  Q  A  D
E  C  K  L  I  N  G  U  Í  S  T  I  C  A
Y  B  O  T  Â  N  I  C  A  I  B  F  N  A
V  X  L  L  B  W  V  J  N  C  I  B  E  R
A  N  A  T  O  M  I  A  E  O  O  I  U  Q
N  F  P  N  D  G  F  V  L  L  L  O  R  U
V  M  E  C  Â  N  I  C  A  O  O  Q  O  E
Q  U  Í  M  I  C  A  A  Y  G  G  U  L  O
Z  O  O  L  O  G  I  A  N  I  I  Í  O  L
S  O  C  I  O  L  O  G  I  A  A  M  G  O
T  I  M  U  N  O  L  O  G  I  A  I  I  G
M  I  N  E  R  A  L  O  G  I  A  C  A  I
A  S  T  R  O  N  O  M  I  A  W  A  E  A
F  I  S  I  O  L  O  G  I  A  Q  Q  J  K
```

ANATOMIA
ARQUEOLOGIA
ASTRONOMIA
BIOQUÍMICA
BIOLOGIA
BOTÂNICA
QUÍMICA
ECOLOGIA
GEOLOGIA

IMUNOLOGIA
LINGUÍSTICA
MECÂNICA
MINERALOGIA
NEUROLOGIA
FISIOLOGIA
PSICOLOGIA
SOCIOLOGIA
ZOOLOGIA

# 37 - School #2

```
M L I C B O H L Ô L U O C J
O I L I V R O S Á N G W N L
C T D Ê E I D H G P I W R G
H E J N B Z M R W N I B S F
I R J C V E H M K U Q S U K
L A D I C I O N Á R I O P S
A T C A L E N D Á R I O R G
P U T E S O U R A B K P I I
A R B I B L I O T E C A M V
G A C A D Ê M I C O B P E I
A T I V I D A D E S I E N C
D G R A M Á T I C A R L T M
O I X J W R L C A M I G O S
R C O M P U T A D O R J S K
```

ACADÊMICO
ATIVIDADES
MOCHILA
LIVROS
ÔNIBUS
CALENDÁRIO
COMPUTADOR
DICIONÁRIO
APAGADOR

AMIGOS
GRAMÁTICA
BIBLIOTECA
LITERATURA
PAPEL
LÁPIS
CIÊNCIA
TESOURA
SUPRIMENTOS

# 38 - Science

```
F N K A W D N Á M É T O D O
M I N E R A I S T F N F L R
D N A T U R E Z A O L K A G
A M O L É C U L A S M K B A
D H Q U Í M I C O K D O O N
O I C L I M A V M G R I R I
S P E X P E R I Ê N C I A S
F Ó S S I L H Ç H E J F T M
A T P L A N T A S J P Í Ó O
T E V O L U Ç Ã O G Q S R L
O S G R A V I D A D E I I F
Ç E C I E N T I S T A C O N
P A R T Í C U L A S N A H K
M O Y X K Z E P O H D U R P
```

ÁTOMO
QUÍMICO
CLIMA
DADOS
EVOLUÇÃO
EXPERIÊNCIA
FATO
FÓSSIL
GRAVIDADE
HIPÓTESE

LABORATÓRIO
MÉTODO
MINERAIS
MOLÉCULAS
NATUREZA
ORGANISMO
PARTÍCULAS
FÍSICA
PLANTAS
CIENTISTA

# 39 - To Fill

```
P A S T A I L F E S B H F V
S F R P O B D F K H A B N R
V V A G I J E R D W C A T M
G U H F A I N V Q G I O N Ç
Y A T C N V V A S O A R M H
S U D Q Y N E P A C O T E U
V B Y E G E L T M Ç U D Z Z
J A G E O Z O B A N D E J A
A L A X F B P B L E Y T N I
R D R C H O E V A A T U A P
I E R A E L U H O R S B V J
L B A I H S S A C O R O I O
N A F X W O T R F V Y I O M
Q N A A J D A A J B X Ç L E
```

SACO
BARRIL
BACIA
CESTA
GARRAFA
CAIXA
BALDE
GAVETA
ENVELOPE

PASTA
JAR
PACOTE
BOLSO
MALA
BANDEJA
TUBO
VASO
NAVIO

# 40 - Summer

| | | | | | | | | | | | | |
|---|---|---|---|---|---|---|---|---|---|---|---|---|
| A | F | J | O | G | O | S | L | S | Ç | E | N | A | Z |
| D | L | F | A | M | Í | L | I | A | Ç | S | X | M | M |
| A | A | E | W | R | S | Q | M | N | W | T | F | I | Ç |
| C | Z | J | G | P | D | C | P | D | S | R | K | G | X |
| A | E | J | Q | R | G | I | E | Á | S | E | E | O | C |
| M | R | O | C | A | I | W | M | L | U | L | M | S | I |
| P | H | S | A | I | M | A | R | I | J | A | V | F | V |
| A | K | P | L | A | D | E | N | A | U | S | Ç | U | I |
| M | Ú | S | I | C | A | A | R | S | Y | S | W | G | A |
| E | W | N | V | A | K | W | H | G | U | Ç | G | P | G |
| N | J | W | R | S | Z | G | D | Y | U | B | V | K | E |
| T | J | Z | O | A | E | F | A | L | O | L | S | Q | M |
| O | U | B | S | E | C | B | N | P | X | K | H | V | U |
| R | E | L | A | X | A | M | E | N | T | O | W | O | M |

PRAIA  
LIVROS  
ACAMPAMENTO  
MERGULHO  
FAMÍLIA  
AMIGOS  
JOGOS  
JARDIM  
CASA  

ALEGRIA  
LAZER  
MÚSICA  
RELAXAMENTO  
SANDÁLIAS  
MAR  
ESTRELAS  
VIAGEM

# 41 - Clothes

| | | | | | | | | | | | |
|---|---|---|---|---|---|---|---|---|---|---|---|
| X | W | Ç | Z | H | N | J | S | J | C | M | Ç | N | E |
| W | Ç | O | S | Ç | Y | T | H | D | J | O | C | C | H |
| C | H | A | P | É | U | N | V | M | A | D | L | I | Q |
| S | A | N | D | Á | L | I | A | S | Q | A | U | A | L |
| C | A | L | S | V | F | U | C | A | U | V | V | P | R |
| A | I | G | Ç | P | F | F | L | I | E | E | A | I | F |
| M | Q | N | W | A | J | U | Ç | A | T | S | S | J | I |
| I | G | A | T | L | E | N | Ç | O | A | T | A | A | Q |
| S | D | L | F | O | A | I | L | S | H | I | P | M | B |
| A | N | S | I | L | N | H | I | Ç | B | D | A | A | I |
| D | F | P | U | L | S | E | I | R | A | O | T | V | K |
| E | E | B | L | U | S | A | M | D | O | O | O | N | K |
| S | U | É | T | E | R | B | A | H | I | A | P | J | F |
| A | A | V | E | N | T | A | L | C | A | S | A | C | O |

AVENTAL  JEANS
CINTO  COLAR
BLUSA  PIJAMA
PULSEIRA  CALÇA
CASACO  SANDÁLIAS
VESTIDO  LENÇO
MODA  CAMISA
LUVAS  SAPATO
CHAPÉU  SAIA
JAQUETA  SUÉTER

# 42 - Insects

```
M L L O U V A A D E U S F A
I I A W R J B E S O U R O M
N B Q I F P C U P I M F R A
H É P M A R I P O S A G M M
O L A R K Z G U Ç B B Z I J
C U M H U T A L L A E G G D
A L E O U E R G A R L I A F
N A I O S O R Ã R A H V N M
I Ç H I K Q A O V T A E F Y
I O F K P R U U A A N S O A
R N D J O A N I N H A P N Y
P U L G A I H O T J E A A H
E C W G A F A N H O T O Z V
B O R B O L E T A Q E B J G
```

| | |
|---|---|
| FORMIGA | GAFANHOTO |
| PULGÃO | JOANINHA |
| ABELHA | LARVA |
| BESOURO | LOUVA-A-DEUS |
| BORBOLETA | MOSQUITO |
| CIGARRA | MARIPOSA |
| BARATA | CUPIM |
| LIBÉLULA | VESPA |
| PULGA | MINHOCA |

# 43 - Astronomy

| | | | | | | | | | | | | | |
|---|---|---|---|---|---|---|---|---|---|---|---|---|---|
| S | U | P | E | R | N | O | V | A | E | E | Z | A | N |
| B | M | H | L | C | O | S | M | O | S | Q | O | S | E |
| U | O | E | E | A | Z | B | R | H | A | U | D | T | B |
| O | B | C | T | T | N | K | J | Ç | T | I | Í | R | U |
| F | S | L | A | E | E | E | U | E | É | N | A | O | L |
| O | E | I | S | A | O | R | T | T | L | Ó | C | N | O |
| G | R | P | T | S | G | R | R | A | I | C | O | A | S |
| U | V | S | R | T | A | A | O | A | T | I | L | U | A |
| E | A | E | Ô | E | R | D | E | F | E | O | U | T | P |
| T | T | A | N | R | O | I | C | É | U | Z | A | A | T |
| E | Ó | F | O | Ó | M | A | G | A | L | Á | X | I | A |
| G | R | C | M | I | M | Ç | W | A | Q | I | E | A | I |
| I | I | T | O | D | V | Ã | A | G | A | G | Q | X | N |
| W | O | L | K | E | Q | O | L | E | O | Q | X | M | T |

ASTERÓIDE
ASTRONAUTA
ASTRÔNOMO
COSMOS
TERRA
ECLIPSE
EQUINÓCIO
GALÁXIA
METEORO
LUA
NEBULOSA
OBSERVATÓRIO
PLANETA
RADIAÇÃO
FOGUETE
SATÉLITE
CÉU
SUPERNOVA
ZODÍACO

# 44 - Pirates

```
G L L R P G E R O F L Ç Â L
V W R U Y L P C A V E R N A
R I E M D J A E V Ç N C C K
E S P A D A P C R A D X O D
T C V N Q I A G K I A W R X
R I M G O J G N L Ç G M A U
I C B O W B A B Ú S S O L A
P A A O E K I L H A B P V V
U T N Ç K D O J R H B R Ç E
L R D Y C N A N E H O A C N
A I E G V G T S M L U I T T
Ç Z I C A P I T Ã O R A Z U
Ã X R T E S O U R O O Z G R
O B A M A P A V G J O J P A
```

AVENTURA
ÂNCORA
MAU
PRAIA
CAPITÃO
CAVERNA
MOEDAS
BÚSSOLA
TRIPULAÇÃO
PERIGO

BANDEIRA
OURO
ILHA
LENDA
MAPA
PAPAGAIO
RUM
CICATRIZ
ESPADA
TESOURO

# 45 - Time

```
X A P J B R S A N A G O R A
D É C A D A N N B I N U O N
A R S I C E M H O R A T U O
N E J H O M Ê E K C C P E Y
U L J T E J S X I H B A B S
A Ó X E F U T U R O M N Q É
L G V M I N U T O J D H J C
Z I R B N A S H G E M I D U
B O R R V G A H J E C T A L
C A L E N D Á R I O X M D O
C P W V N O D I A Z M Y B B
R A B E J Ç I W E F N Y X A
F O Z R B V U T D C E D O H
S E M A N A I Q E M A N H Ã
```

ANUAL
ANTES
CALENDÁRIO
SÉCULO
RELÓGIO
DIA
DÉCADA
CEDO
FUTURO
HORA

MINUTO
MÊS
MANHÃ
NOITE
MEIO-DIA
AGORA
EM BREVE
HOJE
SEMANA
ANO

# 46 - Buildings

```
X T G S R V H H O T E L T B
R H Y D A Q D X B L T C E M
E S T Á D I O E S C O L A I
T O R R E M U S E U T A T Z
W W N K P D H I R H N P R I
H O S P I T A L V Y M A O T
A C C L A B O R A T Ó R I O
W L A I C W J T T F X T C P
Y Y B B N B D E Ó Á R A E M
S R L E I E P N R B A M L H
U O Z G R N M D I R I E E D
N H F S N G E A O I B N I W
Q W F J X P U Z M C F T R Z
C A S T E L O E K A I O O D
```

APARTAMENTO
CELEIRO
CABINE
CASTELO
CINEMA
FÁBRICA
HOSPITAL
ALBERGUE
HOTEL
LABORATÓRIO
MUSEU
OBSERVATÓRIO
ESCOLA
ESTÁDIO
TENDA
TEATRO
TORRE

# 47 - Herbalism

```
A Ç A F R Ã O A K B O W C S
L S E S T R A G Ã O F Q F F
H A L E C R I M Z P L M E Y
O L A V A N D A S L O N E K
Ç S O N Q E Q M J A R D I M
M A N J E R O N A N B E T V
M E S J Z K I F O T K O D E
B E N É F I C O U A R Q R R
Ç C B T A O B G H N T W T D
O R É G A N O T S Z C J F E
M A N J E R I C Ã O L H I X
T J E B A R O M Á T I C O K
I N G R E D I E N T E A M T
B J C U L I N Á R I O W C X
```

AROMÁTICO
MANJERICÃO
BENÉFICO
CULINÁRIO
FUNCHO
SABOR
FLOR
JARDIM
ALHO
VERDE

INGREDIENTE
LAVANDA
MANJERONA
MENTA
ORÉGANO
SALSA
PLANTA
ALECRIM
AÇAFRÃO
ESTRAGÃO

# 48 - Toys

```
P W I V A R T E S A N A T O
A I R H P V B O N E C A K J
I R P K I F I L I V R O S C
E O G A C M C Ã B A R C O B
L B J I B K I I O X U A F A
F Ô P O L L C M V W I R A T
J O G O S A L A Z E M R V E
X A D R E Z G N M S O O R
B O L A N W T I N T A S R I
B C O H Ç J A N Z Q A R I A
Q M C S R F D A Ç E P B T T
D E T Ç O F B Ç O Y H W O N
H C A M I N H Ã O N L P M V
I L N T C G Q O V F S D F N
```

AVIÃO
BOLA
BICICLETA
BARCO
LIVROS
CARRO
XADREZ
ARGILA
ARTESANATO

BONECA
BATERIA
FAVORITO
JOGOS
IMAGINAÇÃO
PIPA
TINTAS
ROBÔ
CAMINHÃO

# 49 - Vehicles

```
L C A R A V A N A U T T N T
H A M B U L Â N C I A R S R
L E M K S U Ç C Q M V A U A
R V L B A L S A P E I N B T
P D Z I R Y T R N T Ã S M O
M U Z Q C E H R E R O P A R
I F I M H Ó T O U Ô V O R Ô
Z I U P O R P A S X K R I N
T Á X I Q T X T Y O L T N I
B A R C O W O Y E Y Ç E O B
J A N G A D A R Y R Z G M U
B I C I C L E T A X O D V S
C C Y C A M I N H Ã O G C Y
F O G U E T E G M C B X B H
```

| | |
|---|---|
| AVIÃO | JANGADA |
| AMBULÂNCIA | FOGUETE |
| BICICLETA | LAMBRETA |
| BARCO | TRANSPORTE |
| ÔNIBUS | SUBMARINO |
| CARRO | METRÔ |
| CARAVANA | TÁXI |
| BALSA | PNEUS |
| HELICÓPTERO | TRATOR |
| MOTOR | CAMINHÃO |

# 50 - Flowers

```
D M G T R E V O Y U P H G J
E G I Q Z R P É T A L A A O
N F R A T N P A D T B C R R
T A A Y T U L I P A U Q D Q
E C S N S K U L T O Q I Ê U
D A S A S Y M H I T U I N Í
E L O R Ç W E U I L Ê L I D
L Ê L C L Í R I O B Á P A E
E N D I X Ç I Ç T X I S C A
Ã D F S W I A R M C Y S J H
O U F O L A V A N D A O C P
R L E P E Ô N I A Y M N W O
J A S M I M A G N Ó L I A H
F H M A R G A R I D A S Ç N
```

BUQUÊ
CALÊNDULA
TREVO
NARCISO
MARGARIDA
DENTE-DE-LEÃO
GARDÊNIA
HIBISCO
JASMIM
LAVANDA

LILÁS
LÍRIO
MAGNÓLIA
ORQUÍDEA
PEÔNIA
PÉTALA
PLUMERIA
PAPOULA
GIRASSOL
TULIPA

# 51 - Town

```
B T G A L E R I A Y H N D W
I P E R E S T A U R A N T E
B T S A A F A R M Á C I A E
L R T F T E C L Í N I C A S
I K Á A L R R I L G K I F C
O F D A F O O O X I Ç C L O
T I I Q J C R L P E K B J L
E M O I P O N I H O T E L A
C U S N A T D V S G R X E U
A S H Ç D L W R S T W T U W
M E R C A D O A T H A Ç O L
S U P E R M E R C A D O Ç O
L O J A I Q C I N E M A I T
F B E A A E B A N C O S N E
```

AEROPORTO
PADARIA
BANCO
LIVRARIA
CINEMA
CLÍNICA
FLORISTA
GALERIA
HOTEL
BIBLIOTECA

MERCADO
MUSEU
FARMÁCIA
RESTAURANTE
ESCOLA
ESTÁDIO
LOJA
SUPERMERCADO
TEATRO

# 52 - Antarctica

| | | | | | | | | | | | | | |
|---|---|---|---|---|---|---|---|---|---|---|---|---|---|
| N | U | V | E | N | S | G | L | N | W | K | O | G | Q |
| I | L | T | N | G | R | U | O | D | Y | T | M | E | V |
| N | O | N | Y | D | I | O | T | W | M | G | E | L | O |
| V | F | M | O | S | L | Ç | C | Q | K | O | E | T |
| E | E | T | V | B | H | S | A | H | G | Y | P | I | E |
| S | E | N | S | E | A | D | A | T | O | V | L | R | M |
| T | X | R | J | Y | S | Í | N | D | R | S | P | A | P |
| I | P | A | W | O | L | O | A | L | H | E | O | S | E |
| G | E | O | G | R | A | F | I | A | V | L | K | Á | R |
| A | D | P | E | N | Í | N | S | U | L | A | J | G | A |
| D | I | C | I | E | N | T | Í | F | I | C | O | U | T |
| O | Ç | B | P | Á | S | S | A | R | O | S | U | A | U |
| R | Ã | F | M | I | G | R | A | Ç | Ã | O | A | Y | R |
| C | O | N | T | I | N | E | N | T | E | K | K | F | A |

BAÍA
PÁSSAROS
NUVENS
CONTINENTE
ENSEADA
EXPEDIÇÃO
GEOGRAFIA
GELEIRAS
GELO

ILHAS
MIGRAÇÃO
PENÍNSULA
INVESTIGADOR
ROCHOSO
CIENTÍFICO
TEMPERATURA
ÁGUA

# 53 - Ballet

```
C O X Ç B G E S T O N U W U
P O T U F A M Ú S I C A Ç G
Ú H R Ç Ç O I A P L A U S O
B X R E S T I L O I X C Y K
L C F S O S P H A R I T M O
I O O Ç Z G O O Z R Q F U O
C L X M C V R R G I I B E R
O R I N P M Ç A E Z K N Y Q
G R A C I O S O F R Q E A U
F X D G I H S E I I N C E
E X P R E S S I V O A S K S
H U Z N G P R Á T I C A Q T
H B N M Ú S C U L O S I Q R
A R T Í S T I C O W R O N A
```

APLAUSO
ARTÍSTICO
PÚBLICO
BAILARINA
COREOGRAFIA
COMPOSITOR
EXPRESSIVO
GESTO
GRACIOSO
MÚSCULOS
MÚSICA
ORQUESTRA
PRÁTICA
ENSAIO
RITMO
ESTILO

# 54 - Human Body

```
N A R I Z C C D E D O R Y M
T P E R N A G É K N U X Y A
K E U Z Y B I J R U Z S V N
X S Q Q U E I X O E J Y N D
Z C O R A Ç Ã O S M B I Y Í
U O Z M P A A R A T O R E B
Ç Ç M C B S D E N S C O O U
R O E A Z R H L G M A S O L
J O E L H O O H U N Ã T S A
Q Q Q Y C A X A E Q D O S P
C O T O V E L O Q Y Z K O E
H M T O R N O Z E L O F S L
I P H Z H X J P Ç V N J O E
Z J M U P R E I U R M C E A
```

TORNOZELO
SANGUE
OSSOS
CÉREBRO
QUEIXO
ORELHA
COTOVELO
ROSTO
DEDO
MÃO

CABEÇA
CORAÇÃO
MANDÍBULA
JOELHO
PERNA
BOCA
PESCOÇO
NARIZ
OMBRO
PELE

# 55 - Musical Instruments

```
C P S P D V Ç U G S N V G E
T E B A F A G O T E J X F X
R R A N X G T R O M P E T E
O C Q D E O M V I D M O A Y
M U U E N N F I C B A V M O
B S E I H G N O J I R I B B
O S T R H O S L N C I O O O
N Ã A O M A C Ã L E M L R É
E O S J J K R O R S B O Ç V
P I A N O Q F P U B A N J O
V I O L I N O L A E K C N Ç
F L A U T A R C E O R E T V
W W M B N A B A N D O L I M
R B C L A R I N E T E O Q N
```

| | |
|---|---|
| BANJO | BANDOLIM |
| FAGOTE | MARIMBA |
| VIOLONCELO | OBOÉ |
| CLARINETE | PERCUSSÃO |
| TAMBOR | PIANO |
| BAQUETAS | SAXOFONE |
| FLAUTA | PANDEIRO |
| GONGO | TROMBONE |
| VIOLÃO | TROMPETE |
| HARPA | VIOLINO |

# 56 - Fruit

```
E P U V A M B B M X I G Ç P
R Ê O L A H V A B H S N E E
T S Z C T J C G N E M K K R
V S G O I A B A N A A P U A
Ç E A C N C R D E L N Ç K V
M G T O D E D Q X I G A O U
E O Q C Ç O C G M M A M Ã O
L C E R E J A T T Ã A L L D
Ã H A I Q D Ç D A O I Ç H A
O Y A B A C A T E R K A Ã M
A B A C A X I F O U I H L A
A R T Y Ç W Z I R X W N C S
T W Q K I C K G F K I S A C
D R F R A M B O E S A I Y O
```

MAÇÃ
DAMASCO
ABACATE
BANANA
BAGA
CEREJA
COCO
FIGO
UVA
GOIABA

KIWI
LIMÃO
MANGA
MELÃO
NECTARINA
MAMÃO
PÊSSEGO
PERA
ABACAXI
FRAMBOESA

# 57 - Virtues #1

```
P T I C A R T Í S T I C O S
A X M G O W W M W L F S C Á
C K A E J N A S I W I A U B
I U G N E E F N R Y B M Z I
E E I G E Z K I L D I H P O
N N N R Q F B A A L C J Ç O
T C A A P A I X O N A D O D
E A T Ç L L X C F O T D K E
Ú N I A U T I U I A X E W C
T T V D X D Z N H E I C J I
I A O O K P O D P U N D S S
L D I N T E L I G E N T E I
B O M O D E S T O H H L E V
P R Á T I C O C U R I O S O
```

ARTÍSTICO
ENCANTADOR
LIMPO
CONFIANTE
CURIOSO
DECISIVO
EFICIENTE
ENGRAÇADO
BOM

ÚTIL
IMAGINATIVO
INTELIGENTE
MODESTO
APAIXONADO
PACIENTE
PRÁTICO
SÁBIO

# 58 - Kitchen

```
A G O Q T D J Z V C U P S D
G V E Z C I V J R O B Z K E
R E E L V Y U V K L P A G S
E S C N A K W O S H X G Q P
L P O Q T D R E C E I T A O
H E M G G A E K U R T P C N
A C E Ç Ç A L I V E I A H J
B I R I F V R J R S G U A A
V A J A R R O F C A E Z L I
Ç R A C E Q G O O C L I E R
O I R J E T E R N S A N I L
S A T J Z H X N C F G H R W
G S C M E Y Ç O H V D O A R
A D H A R N E F A C A S K I
```

AVENTAL
TIGELA
PAUZINHOS
CUPS
GARFOS
FREEZER
GRELHA
JAR
JARRO
CHALEIRA

FACAS
CONCHA
FORNO
RECEITA
GELADEIRA
ESPECIARIAS
ESPONJA
COLHERES
COMER

# 59 - Art Supplies

```
G P A Á V T V F Ó S A A C O
H G B A G L U Z L D R Z N R
V L O G J U R E E R G X P L
C A R V Ã O A S O A I Q V U
A P A S T E L S L M L Ç W O
C C A D E I R A Á S A G I C
Â O R C B J C Z P A P E L A
M R L Í P I O T I N T A S V
E E Y D L U L D S E I S U A
R S R S P I A P G R N I M L
A D I B V N C Y R H T F E E
E S C O V A S O Y Q A Ç S T
C R I A T I V I D A D E A E
A P A G A D O R O D F Y U U
```

ACRÍLICO
ESCOVAS
CÂMERA
CADEIRA
CARVÃO
ARGILA
CORES
CRIATIVIDADE
CAVALETE
APAGADOR

COLA
TINTA
ÓLEO
TINTAS
PAPEL
PASTELS
LÁPIS
MESA
ÁGUA

# 60 - Science Fiction

```
O L S M I S T E R I O S O M
R J K B A G E T T M V A C U
Á W Y M S A C G E A C N Y N
C O I P U L N I X G X J L D
U P P E A Á O V T I W R A O
L L L J K X L K R N F O G O
O K A H T I O N E Á Q B X E
C I N E M A G L M R D Ô U X
L L E K R H I L O I Y S T P
O U T R F T A O I O M G O L
N S A T Ó M I C O V V X P O
E Ã D I S T O P I A R L I S
S O F U T U R I S T A O A Ã
F A N T Á S T I C O V C S O
```

ATÓMICO
LIVROS
CINEMA
CLONES
DISTOPIA
EXPLOSÃO
EXTREMO
FANTÁSTICO
FOGO
FUTURISTA

GALÁXIA
ILUSÃO
IMAGINÁRIO
MISTERIOSO
ORÁCULO
PLANETA
ROBÔS
TECNOLOGIA
UTOPIA
MUNDO

# 61 - Sounds

```
G S S D L T A R U M T M C M
V O Z E S K L E P C O R O Q
I A B S U J W P K X S I N O
B Ç F I S I R E N E S D C A
R G A E S M H T D V E R E P
A A Y T U R U I D O S O R I
Ç Q P I R I S T F V I V T T
Ã Ç T L R G G I O F T N O O
O J A N A M X V T X I M R A
S A H L R U V O B A N B R V
F R T D T X D U N C T J I A
H L E M J O F I D D Y I S A
B G E M E R I F R G I Ç O O
R E S S O N A N T E C O E J
```

SINO
CORO
APLAUDIR
CONCERTO
TOSSE
ECO
GEMER
RISO
ALTO
RUIDOSO
REPETITIVO
RESSONANTE
SIRENES
VIBRAÇÃO
VOZES
SUSSURRAR
APITO

# 62 - Airplanes

| | | | | | | | | | | | | |
|---|---|---|---|---|---|---|---|---|---|---|---|---|
| W | B | T | P | D | I | R | E | Ç | Ã | O | T | A | H |
| N | C | L | R | A | L | T | U | R | A | U | K | T | I |
| E | P | I | C | I | S | I | S | A | R | Y | M | M | D |
| V | P | V | C | O | P | S | Y | G | M | O | T | O | R |
| L | K | N | I | S | N | U | A | W | V | O | M | S | O |
| P | I | L | O | T | O | S | L | G | D | R | A | F | G |
| D | E | S | C | I | D | A | T | A | E | X | Y | E | Ê |
| D | H | É | L | I | C | E | S | R | Ç | I | R | R | N |
| C | É | U | A | J | O | I | T | E | U | Ã | R | A | I |
| A | V | E | N | T | U | R | A | E | K | Ç | O | O | O |
| B | A | L | Ã | O | X | A | W | M | E | V | Ã | X | G |
| A | T | E | R | R | I | S | S | A | G | E | M | O | W |
| C | O | M | B | U | S | T | Í | V | E | L | E | G | R |
| H | I | S | T | Ó | R | I | A | W | N | E | A | T | W |

AVENTURA
AR
ATMOSFERA
BALÃO
CONSTRUÇÃO
TRIPULAÇÃO
DESCIDA
DIREÇÃO
MOTOR

COMBUSTÍVEL
ALTURA
HISTÓRIA
HIDROGÊNIO
ATERRISSAGEM
PASSAGEIRO
PILOTO
HÉLICES
CÉU

# 63 - Ocean

```
J Y I P T A R T A R U G A C
J P U U E B E E Q B U O E A
Q S Ç E N A C M S F Z L U M
E P R M G L I P Z P C F T A
P N R M U E F E B E O I A R
A T U M I I E S S S R N Q Ã
R Q H T A A G T X A A H J O
P O L V O N D A S L L O N A
V Y I P M Ç D D X O O U N S
M O Q P E I X E W V S U O M
A C Y M D L T G Z H A T Y I
R G S Z U I W B D L D L R O
É S D S S T U B A R Ã O G A
S T S C A R A N G U E J O A
```

| | |
|---|---|
| ALGA | SAL |
| CORAL | TUBARÃO |
| CARANGUEJO | CAMARÃO |
| GOLFINHO | ESPONJA |
| ENGUIA | TEMPESTADE |
| PEIXE | MARÉS |
| MEDUSA | ATUM |
| POLVO | TARTARUGA |
| OSTRA | ONDAS |
| RECIFE | BALEIA |

# 64 - Birds

| | | | | | | | | | | | |
|---|---|---|---|---|---|---|---|---|---|---|---|
| E | P | A | T | O | J | P | G | W | Y | R | C | E | H |
| G | I | S | O | V | O | C | A | N | Á | R | I | O | P |
| A | N | Ç | K | I | Z | J | R | V | X | L | A | C | K |
| N | G | B | V | F | J | I | Ç | V | Ã | H | I | Q | Z |
| S | U | P | A | P | A | G | A | I | O | O | P | R | C |
| O | I | Ç | O | U | V | O | R | S | Z | K | A | V | C |
| C | M | C | K | Z | F | A | V | E | S | T | R | U | Z |
| U | I | A | P | E | L | I | C | A | N | O | D | C | Y |
| C | U | S | A | O | A | E | G | Á | K | G | A | E | J |
| O | I | B | N | N | M | W | P | G | J | V | L | G | X |
| B | Q | M | L | E | I | B | Z | U | Y | L | R | O | A |
| C | O | R | V | O | N | L | A | I | J | A | U | N | Q |
| Ç | F | R | A | N | G | O | G | A | O | I | Z | H | N |
| Q | Ç | B | M | W | O | T | U | C | A | N | O | A | B |

CANÁRIO  
FRANGO  
CORVO  
CUCO  
POMBA  
PATO  
ÁGUIA  
OVO  
FLAMINGO  
GANSO  

GARÇA  
AVESTRUZ  
PAPAGAIO  
PAVÃO  
PELICANO  
PINGUIM  
PARDAL  
CEGONHA  
CISNE  
TUCANO

# 65 - Art

```
F S U J H N I Z Y D C S E P
I X U C O M P L E X O U K E
G P L J N H D X T R O R M S
U A G T E S C U L T U R A S
R T S D S I M P L E S E Y O
A R E B T I S N B P A R A
A N V Z O Q F O A A I L O L
C O M P O S I Ç Ã O N I R C
R E T R A T A R Z R T S I R
C E R Â M I C A G X U M G I
I N S P I R A D O Y R O I A
H U M O R J V I S U A L N R
E X P R E S S Ã O R S L A F
P O E S I A Q S Í M B O L O
```

CERÂMICA
COMPLEXO
COMPOSIÇÃO
CRIAR
EXPRESSÃO
FIGURA
HONESTO
INSPIRADO
HUMOR
ORIGINAL

PINTURAS
PESSOAL
POESIA
RETRATAR
ESCULTURA
SIMPLES
SUJEITO
SURREALISMO
SÍMBOLO
VISUAL

# 66 - Nutrition

| | | | | | | | | | | | | |
|---|---|---|---|---|---|---|---|---|---|---|---|---|
| H | A | M | A | R | G | O | T | S | P | Z | Z | P | C |
| E | F | P | S | A | B | O | R | W | A | E | Z | K | A |
| C | O | M | E | S | T | Í | V | E | L | Ú | S | R | R |
| H | Á | B | I | T | O | S | Ç | K | Z | U | D | O | B |
| M | Q | U | A | L | I | D | A | D | E | D | U | E | O |
| V | C | M | D | O | I | T | M | O | L | H | O | X | I |
| I | A | N | U | T | R | I | E | N | T | E | R | F | D |
| T | L | F | E | R | M | E | N | T | A | Ç | Ã | O | R |
| A | O | G | F | T | C | V | T | O | Y | M | D | Z | A |
| M | R | J | H | R | R | D | L | X | D | S | D | X | T |
| I | I | C | E | Q | U | I | L | I | B | R | A | D | O |
| N | A | P | R | O | T | E | Í | N | A | S | H | S | S |
| A | S | F | Ç | F | C | T | V | A | J | G | A | J | C |
| M | W | U | R | Z | S | A | U | D | Á | V | E | L | H |

APETITE
EQUILIBRADO
AMARGO
CALORIAS
CARBOIDRATOS
DIETA
COMESTÍVEL
FERMENTAÇÃO
SABOR
HÁBITOS

SAÚDE
SAUDÁVEL
NUTRIENTE
PROTEÍNAS
QUALIDADE
MOLHO
TOXINA
VITAMINA
PESO

# 67 - Hiking

```
X C V C A N S A D O F Z K P
M U M O N T A N H A V X Z E
L M L G Á G U A M A P A E R
P E G Q P U B O T A S E S I
E R P O R I E N T A Ç Ã O G
S S E E N A T U R E Z A Q O
A O Z P N S I P E D R A S S
D L A E A H A X A V N D G U
O Y X O F R A D J R X P Q Y
Q F C D I Ç A S Z B Q Ç S A
F M L U H K X Ç C W F U W X
A N I M A I S K Ã O Y E E Y
L Z M E R L M S W O Z W X S
A C A M P A M E N T O N B V
```

ANIMAIS
BOTAS
ACAMPAMENTO
PENHASCO
CLIMA
GUIAS
PERIGOS
PESADO
MAPA
MONTANHA
NATUREZA
ORIENTAÇÃO
PARQUES
PREPARAÇÃO
PEDRAS
CUME
SOL
CANSADO
ÁGUA

# 68 - Professions #1

```
P Z S L E J O A L H E I R O
S I M D H I W P Q J N B A E
I A A A X N A E P Ç C A S N
C L D N R U D Ç F L A N T F
Ó F V Ç I I L O J Q N Q R E
L A O A Z S N U U S A U Ô R
O I G R W S T H Z T D E N M
G A A I H Z H A E B O I O E
O T D N I B K U P I R R M I
P E O O C A Ç A D O R O O R
Ç A R T Ó G R A F O A O G A
E M B A I X A D O R S M A E
Z E D I T O R M Ú S I C O Ç
T R E I N A D O R O N G D U
```

EMBAIXADOR
ASTRÔNOMO
ADVOGADO
BANQUEIRO
CARTÓGRAFO
TREINADOR
DANÇARINO
DOUTOR
EDITOR

CAÇADOR
JOALHEIRO
MÚSICO
ENFERMEIRA
PIANISTA
ENCANADOR
PSICÓLOGO
MARINHEIRO
ALFAIATE

# 69 - Dinosaurs

```
J L G R A N D E W Z F W O A
K D K C A U D A Q I P N E S
A E H U U P R E S A A L R A
E V F N D F T A M A N H O S
N O G E S Z E O N Í V O R O
O L J U Q Q R Z R C W B X C
R U M F M Y R K Z A U I X A
M Ç U Ó X M A M U T E N E R
E Ã E S P É C I E S P B H N
D O U S H E R B Í V O R O Í
S Ç A E P O D E R O S O M V
V I C I O S O R É P T I L O
E O Ç S N D E L Z K I X K R
P R É H I S T Ó R I C O L O
```

CARNÍVORO
TERRA
ENORME
EVOLUÇÃO
FÓSSEIS
HERBÍVORO
GRANDE
MAMUTE
ONÍVORO
PODEROSO

PRÉ-HISTÓRICO
PRESA
RAPTOR
RÉPTIL
TAMANHO
ESPÉCIES
CAUDA
VICIOSO
ASAS

# 70 - Barbecues

| | | | | | | | | | | | |
|---|---|---|---|---|---|---|---|---|---|---|---|
| P | C | W | Y | N | Y | Q | U | W | R | Ç | A | H | F |
| G | R | E | L | H | A | L | S | A | L | N | L | S | A |
| V | I | Z | M | C | F | R | A | N | G | O | M | F | M |
| J | A | N | T | A | R | V | L | F | C | N | O | O | Í |
| O | N | Y | K | B | L | E | A | A | R | R | Ç | M | L |
| Ç | Ç | Ç | S | D | E | M | D | C | M | U | O | E | I |
| P | A | F | O | Q | G | K | A | A | O | I | T | T | A |
| R | S | Y | E | Ç | U | B | S | S | L | J | G | A | M |
| V | E | R | Ã | O | M | E | U | N | H | O | A | O | Ú |
| T | O | M | A | T | E | S | N | M | O | G | R | R | S |
| U | H | J | Ç | W | S | P | Z | T | B | O | F | W | I |
| K | W | T | S | X | L | E | R | Q | E | S | O | N | C |
| N | D | G | D | E | G | Q | M | W | U | Ç | S | H | A |
| G | H | O | Ç | X | K | A | H | B | J | L | Q | L | A |

FRANGO
CRIANÇAS
JANTAR
FAMÍLIA
GARFOS
AMIGOS
FRUTA
JOGOS
GRELHA
QUENTE

FOME
FACAS
ALMOÇO
MÚSICA
SALADAS
SAL
MOLHO
VERÃO
TOMATES
LEGUMES

# 71 - Chocolate

```
D E T S F A V O R I T O A A
E Y K A R T E S A N A L M Ç
L H C B K S X C A G Q K A Ú
I O H O K A Ó A N R U H R C
C C V R C G T L T E A N G A
I A B D B O I O I D L A O R
O C R U T S C R O I I M X J
S A M A Ç T O I X E D E X R
O U K C M O Z A I N A N K B
A R O M A E X S D T D D L X
C O M E R L L F A E E O Z J
R E C E I T A O N Y D I C U
A U V D L Ç F T T H C N I E
U G U G X L V E E A M S M R
```

ANTIOXIDANTE
AROMA
ARTESANAL
AMARGO
CACAU
CALORIAS
CARAMELO
COCO
DELICIOSO
EXÓTICO

FAVORITO
SABOR
INGREDIENTE
AMENDOINS
QUALIDADE
RECEITA
AÇÚCAR
DOCE
GOSTO
COMER

# 72 - Vegetables

```
B  R  G  C  A  B  Ó  B  O  R  A  L  Z  G
R  A  E  O  L  L  U  T  Q  D  S  L  W  J
Ó  B  N  G  C  E  N  O  U  R  A  I  P  O
C  A  G  U  A  S  A  M  T  R  L  L  C  L
O  N  I  M  C  P  B  A  L  O  A  L  H  C
L  E  B  E  H  I  O  T  H  B  D  Z  A  O
I  T  R  L  O  N  L  E  F  W  A  V  L  U
S  E  E  O  F  A  P  E  P  I  N  O  O  V
S  C  O  G  R  F  V  R  M  E  N  L  T  E
J  A  E  R  A  R  P  V  A  T  G  U  A  F
D  E  L  B  B  E  R  I  N  G  E  L  A  L
Y  U  R  S  O  X  A  L  Ç  Q  A  N  N  O
Ç  W  X  L  A  L  T  H  E  S  J  E  B  R
J  G  Y  V  R  Y  A  A  H  V  L  R  F  U
```

ALCACHOFRA
BRÓCOLIS
CENOURA
COUVE-FLOR
AIPO
PEPINO
BERINGELA
ALHO
GENGIBRE
COGUMELO

CEBOLA
SALSA
ERVILHA
ABÓBORA
RABANETE
SALADA
CHALOTA
ESPINAFRE
TOMATE
NABO

# 73 - Boats

```
C L T H O F Y I B A L M A R
Z A C R L V F A M E F A G D
B Ó I A I A G T A C O R D A
A J X A J P G E B U R I O N
L A F J Q O U O C P P N C Á
S J Z D S U P L C N D H A U
A P V B O T E O A Z C E M T
V E L E I R O C N Ç H I O I
Â T E O C B H E O L Ã R T C
N F B R L R Q A A B Z O O O
C U C C G J A N G A D A R C
O N M A S T R O K S T V H L
R C Y M W Q J K F S G S F U
A F J Ç V C U H L Z R I Q I
```

ÂNCORA  
BÓIA  
CANOA  
TRIPULAÇÃO  
DOCA  
MOTOR  
BALSA  
CAIAQUE  
LAGO  
BOTE  

MASTRO  
NÁUTICO  
OCEANO  
JANGADA  
RIO  
CORDA  
VELEIRO  
MARINHEIRO  
MAR  
IATE

# 74 - Activities and Leisure

```
D Z F M H M V I A G E M T X
J N V D G O S F S R V Z Ç N
A A H O B B I E S R T M E J
C T R X B U B A S Q U E T E
A A F D P X O I U T C R I P
M Ç U R I G X C R Ê O G I E
P Ã T M E N E J F N R U K S
A O E S O L A K E I R L H C
M V B S B L A G Y S I H K A
E V O B P Ç G X E A D O C Y
N T L G O L F E A M A Q G Q
T W S P L K U P I N T U R A
O B E I S E B O L S T K Ç I
C A M I N H A D A Y B E Y F
```

ARTE
BEISEBOL
BASQUETE
BOXE
ACAMPAMENTO
MERGULHO
PESCA
JARDINAGEM
GOLFE
CAMINHADA

HOBBIES
PINTURA
CORRIDA
RELAXANTE
FUTEBOL
SURFE
NATAÇÃO
TÊNIS
VIAGEM

# 75 - Driving

```
C B S F L E H Q C U O S K D
C A R R O F E P O L Í C I A
H C M E O E Q T M H N O J T
Ç I O I G Á S Ú B M C X N R
T D T O N J N U M A P A Á
W E O S U H M E S N T E M F
Ç N R B H F Ã L T T P R O E
J T I L W I L O Í G B I T G
R E S T R A D A V X I G O O
A B O R A P I D E Z O O R N
G A R A G E M C L C O P I X
M O T O C I C L E T A H S X
H C W L I C E N Ç A R V T V
P E D E S T R E J S V J A T
```

ACIDENTE
FREIOS
CARRO
PERIGO
MOTORISTA
COMBUSTÍVEL
GARAGEM
GÁS
LICENÇA
MAPA
MOTOR
MOTOCICLETA
PEDESTRE
POLÍCIA
ESTRADA
RAPIDEZ
TRÁFEGO
CAMINHÃO
TÚNEL

# 76 - Professions #2

```
L B I Ó L O G O O M X J T B
I I N V E N T O R É E A P I
N C D K M M K N K D N R I B
G F I L Ó S O F O I G D L L
U E C B X B L R Ç C E I O I
I O I R Y R I N I O N N T O
S P R O F E S S O R H E O T
T W U D E T E T I V E I W E
A G R I C U L T O R I R W C
C P G Z O Ó L O G O R O L Á
R K I P I N T O R N O L S R
J W Ã A S T R O N A U T A I
W J O R N A L I S T A Ç H O
D E N T I S T A D W F P N U
```

ASTRONAUTA
BIÓLOGO
DENTISTA
DETETIVE
ENGENHEIRO
AGRICULTOR
JARDINEIRO
INVENTOR
JORNALISTA

BIBLIOTECÁRIO
LINGUISTA
PINTOR
FILÓSOFO
MÉDICO
PILOTO
CIRURGIÃO
PROFESSOR
ZOÓLOGO

# 77 - Emotions

```
T S P K S Z C Y I G B R E G
E A A C A L M O D O R W N P
R I B T A O E F N V X A Z A
N N O É I Z D C O T A N T Z
U R N D S S O A Z L E D J O
R A D I I P F A M O R Ú S E
A I A O M E R E L A X A D O
W V D J P F D I I W M Q S O
E A E I A L S T Ç T U A W H
G B L J T T L R S V O Q G I
N V W I I T R I S T E Z A X
A K U F A A L E G R I A I B
E N V E R G O N H A D O U D
W W L A N I M A D O G K L S
```

RAIVA
TÉDIO
CALMO
CONTEÚDO
ENVERGONHADO
ANIMADO
MEDO
GRATO
ALEGRIA

BONDADE
AMOR
PAZ
RELAXADO
TRISTEZA
SATISFEITO
SIMPATIA
TERNURA

# 78 - Mythology

```
K D O L N Ç C F O R Ç A M A
P K E W P R R U J A F V R R
Y Y K B C Q E K L O L E Y Q
M C É U I V N B T T U N C U
O A D C Ú H Ç H L E U E R É
R E L Â M P A G O O U R I T
T K M A E I S L E N D A A I
A C D E S A S T R E S W T P
L A B I R I N T O O A Ç U O
I M O R T A L I D A D E R Q
J C R I A Ç Ã O I P R T A W
M O N S T R O H E R Ó I P M
T R O V Ã O V I N G A N Ç A
C O M P O R T A M E N T O E
```

ARQUÉTIPO
COMPORTAMENTO
CRENÇAS
CRIAÇÃO
CRIATURA
CULTURA
DESASTRE
CÉU
HERÓI
IMORTALIDADE

CIÚMES
LABIRINTO
LENDA
RELÂMPAGO
MONSTRO
MORTAL
VINGANÇA
FORÇA
TROVÃO

# 79 - Hair Types

| | | | | | | | | | | | |
|---|---|---|---|---|---|---|---|---|---|---|---|
| T | C | C | L | P | E | E | Q | E | N | L | R | C | S |
| R | A | A | O | I | D | N | S | V | T | B | B | Q | A |
| A | C | R | G | L | Z | C | F | W | Y | T | Y | T | U |
| N | H | E | T | S | O | A | L | S | P | G | S | Z | D |
| Ç | O | C | R | O | U | R | M | A | R | R | O | M | Á |
| A | S | A | A | N | X | A | I | I | E | O | O | B | V |
| D | B | M | N | D | S | C | V | X | T | S | O | R | E |
| O | B | V | Ç | U | Ç | O | C | E | O | S | B | I | L |
| D | R | N | A | L | Q | L | F | I | N | O | C | L | O |
| Ç | A | J | S | A | R | A | Q | C | N | T | R | H | N |
| T | N | O | R | D | S | D | S | U | B | Z | Ç | A | G |
| M | C | C | X | O | F | O | E | R | X | K | A | N | O |
| L | O | I | R | O | U | L | C | T | A | X | Z | T | B |
| S | A | R | F | V | Q | J | O | O | S | V | B | E | L |

CARECA
PRETO
LOIRO
TRANÇADO
TRANÇAS
MARROM
COLORI
CACHOS
ENCARACOLADO
SECO

CINZA
SAUDÁVEL
LONGO
BRILHANTE
CURTO
SUAVE
GROSSO
FINO
ONDULADO
BRANCO

# 80 - Furniture

```
E S T A N T E C A D E I R A
H Ç U C F J O A L M U O T
R F O P O U B R Y M B E J N
V Á Y V L T L T G K A P S C
F M Q M C O A I P E N R X A
Q R I Ç H N L N E S C A B B
P A G J Ã B M A I P O T B H
O D J Y O R O S H E P E A M
L K Z G Ç V F R F L R L U D
T A P E T E A M O H G E D A
R P C Ô M O D A A O X I H D
O U P Ç O M A N X C M R T D
N P R G A F S G L O A A W Z
A L M O F A D A U R M S E Q
```

POLTRONA
CAMA
BANCO
ESTANTE
CADEIRA
SOFÁ
CORTINAS
ALMOFADAS
MESA

CÔMODA
FUTON
MACA
COLCHÃO
ESPELHO
ALMOFADA
TAPETE
PRATELEIRAS

# 81 - Garden

```
C Z C S P T R A M P O L I M
G E R V N Á K N L V Á A T F
A Ç R X M L P C N T R G E L
O C R C M C P I I G V O R O
X S Q V A R A N D A O A R R
G B A N C O H H A R R M A V
M R J B A B B O R A E A Ç I
M H A P O M A R B G C N O D
R V R M Ç B Z P U E G G K E
U F D D A B F V S M A U R I
V I I H Y D S R T W R E B R
Q M M Z H G O P O E E I V A
G R A M A A L T D Q C R Z W
B P J P G Z O V S M R A U F
```

BANCO
ARBUSTO
CERCA
FLOR
GARAGEM
JARDIM
GRAMA
MACA
MANGUEIRA
GRAMADO

POMAR
LAGOA
VARANDA
ANCINHO
PÁ
SOLO
TERRAÇO
TRAMPOLIM
ÁRVORE
VIDEIRA

# 82 - Birthday

```
D I A C E L E B R A Ç Ã O N
Z O H Y S D H O Ç M V C Y A
T K M C L W S L X I L I H S
B P V A O F F O H G W S M C
D C A N Q N W O H O O E M E
S Y W Ç L D V W U S W M L R
A N O Ã F E L I Z J O V E M
B V S O C G V D T E M P O Y
E E S P E C I A L E N C S W
D L C C A R T Õ E S S Q M V
O A L E G R E E Y Y K D T I
R S C A L E N D Á R I O C D
I A P R E N D E R G D I U O
A D C T B O L A T J V B Q J
```

NASCER
BOLO
CALENDÁRIO
VELAS
CARTÕES
CELEBRAÇÃO
DIA
AMIGOS
DOM
FELIZ

CONVITES
ALEGRE
CANÇÃO
ESPECIAL
TEMPO
APRENDER
SABEDORIA
ANO
JOVEM

# 83 - Beach

```
I  M  D  T  I  P  L  E  S  Z  V  H  B  X
S  Z  Ç  O  W  M  A  R  O  C  E  A  N  O
J  D  O  A  C  S  G  Z  L  M  L  K  E  X
B  Z  I  L  H  A  O  U  U  O  E  C  Y  A
Y  Q  W  H  Z  N  A  U  H  L  I  Q  P  A
C  T  Ç  A  B  D  L  T  L  G  R  J  L  I
C  O  S  T  A  Á  A  Ç  P  A  O  A  T  O
B  A  R  C  O  L  E  R  R  E  C  I  F  E
N  O  S  Z  T  I  C  Z  E  H  Y  W  Q  K
B  A  C  V  D  A  C  R  O  I  P  X  C  V
B  X  W  S  Z  S  B  Q  G  N  A  L  Ç  K
Ç  S  Y  M  V  B  I  S  U  H  H  T  C  D
C  A  R  A  N  G  U  E  J  O  Q  X  G  Y
G  U  A  R  D  A  C  H  U  V  A  Q  J  D
```

AZUL
BARCO
COSTA
CARANGUEJO
DOCA
ILHA
LAGOA
OCEANO
RECIFE
VELEIRO
AREIA
SANDÁLIAS
MAR
SOL
TOALHA
GUARDA-CHUVA

# 84 - Adjectives #1

```
E A T R A E N T E C M A A I
X S C M D S Z U R I Y M Y M
A H C X I É L U G F S B J P
B Ç B U R J E X Ó T I C O
A E M H R I D Ê N T I C O R
B A L L Q O Y D Z T R I N T
S R L A Ú T I L X T O O F A
O T F E L I Z Z C R M S I N
L Í T A R O M Á T I C O N T
U S C S Ç G E N E R O S O E
T T M O D E R N O H Ç Ç D C
O I H O N E S T O F A F U Z
F C V A L I O S O D C Z A S
E O Q R K M J Z P E S A D O
```

ABSOLUTO
AMBICIOSO
AROMÁTICO
ARTÍSTICO
ATRAENTE
BELA
ESCURO
EXÓTICO
GENEROSO
FELIZ

PESADO
ÚTIL
HONESTO
IDÊNTICO
IMPORTANTE
MODERNO
SÉRIO
LENTO
FINO
VALIOSO

# 85 - Rainforest

```
L D C L I M A G V P Ç L B A
C I R E S T A U R A Ç Ã O N
O V E F T H T M F Ç G P T F
M E S X M M G P Í B J N Â Í
U R P E W U U Á M F I F N B
N S E N L S L S Q J E I I I
I I I U I V P S G L Q R C O
D D T V N D A A M O M E O S
A A O E D H T R A Ç H F C S
D D T N Í T Q O S R V Ú M Ç
E E B S G W O S M O F G P A
S O B R E V I V Ê N C I A J
K A Q I N S E T O S L O J F
P H L N A T U R E Z A T S H
```

ANFÍBIOS
PÁSSAROS
BOTÂNICO
CLIMA
NUVENS
COMUNIDADE
DIVERSIDADE
INDÍGENA
INSETOS
SELVA
MAMÍFEROS
MUSGO
NATUREZA
REFÚGIO
RESPEITO
RESTAURAÇÃO
SOBREVIVÊNCIA

# 86 - Technology

| | | | | | | | | | | | | |
|---|---|---|---|---|---|---|---|---|---|---|---|---|
| E | C | U | R | S | O | R | M | R | D | T | D | Y | E |
| C | O | M | P | U | T | A | D | O | R | E | P | Ç | S |
| N | A | V | E | G | A | D | O | R | D | L | X | N | T |
| S | C | E | S | Ç | C | H | O | W | E | A | R | G | A |
| V | Â | B | E | B | V | V | N | Y | O | V | D | F | T |
| M | M | Y | G | D | Í | L | J | E | F | M | N | O | Í |
| E | E | T | U | I | R | S | Q | H | W | N | V | J | S |
| N | R | E | R | G | U | C | E | X | X | Q | I | D | T |
| S | A | S | A | I | S | O | F | T | W | A | R | E | I |
| A | F | O | N | T | E | P | C | E | Y | S | T | G | C |
| G | F | G | Ç | A | R | Q | U | I | V | O | U | B | A |
| E | L | O | A | L | D | T | E | F | Q | J | A | L | S |
| M | I | N | T | E | R | N | E | T | T | E | L | O | D |
| P | E | S | Q | U | I | S | A | X | W | D | U | G | X |

BLOG
NAVEGADOR
BYTES
CÂMERA
COMPUTADOR
CURSOR
DADOS
DIGITAL
ARQUIVO
FONTE

INTERNET
MENSAGEM
PESQUISA
TELA
SEGURANÇA
SOFTWARE
ESTATÍSTICAS
VIRTUAL
VÍRUS

# 87 - Landscapes

```
I O C E A N O I P P A T V P
C L C B Y M K C Y G Q U U E
E Y H V L A O Z A K L N L N
B Ç S A A R L N U Ç A D C Í
E O Á S I S G D T N G R Ã N
R C A S C A T A E A O A O S
G R I G E L E I R A N G Q U
C O L I N A M G T A D H H L
A J B P R A I A U M E W A A
V L Y V A L E G E Y S E R O
E T L Z Q Q V O I S E B G G
R I O X R T L X S V R N U G
N O I L T R I P Â N T A N O
A X M V A U I J Z H O P S K
```

PRAIA
CAVERNA
DESERTO
GEYSER
GELEIRA
COLINA
ICEBERG
ILHA
LAGO
MONTANHA

OÁSIS
OCEANO
PENÍNSULA
RIO
MAR
PÂNTANO
TUNDRA
VALE
VULCÃO
CASCATA

# 88 - Visual Arts

```
C R P E C O M P O S I Ç Ã O
R H E S C U L T U R A N P I
I N R T A L Á P I S Ç O X O
A E S Ê R C A N E T A B V L
T W P N V A R G I L A R P H
I W E C Ã V T S T V Ç A C A
V X C I O A I O Q Q T P A F
I S T L K Ç S Q H N N R V P
D F I L M E T L X A L I A I
A U V G X H A M U H K M L N
D V A I C E R Â M I C A E T
E K Y Z S N R P P Q E U T U
F O T O G R A F I A R B E R
A R Q U I T E T U R A N L A
```

ARQUITETURA
ARTISTA
CERÂMICA
GIZ
CARVÃO
ARGILA
COMPOSIÇÃO
CRIATIVIDADE
CAVALETE
FILME

OBRA-PRIMA
PINTURA
CANETA
LÁPIS
PERSPECTIVA
FOTOGRAFIA
RETRATO
ESCULTURA
ESTÊNCIL
CERA

# 89 - Plants

```
F F N T F P F L O R A F C C
P E Ç E O N É I L Z M L A A
V I G N L S T T R W N O C U
R J W E H E R A A F H R T L
B Ã G S A U Q Ç I L X E O E
A O W Y G S G X Z O A S F X
M R T K E Á R V O R E T M V
B X B Â M O A Y S I I A X U
U J A U N A M G Y A R U C M
J A G B S I A V F S J H Z S
D R A L D T C M U S G O L O
B D R M K V O A K R O V S X
B I F E R T I L I Z A N T E
U M V E G E T A Ç Ã O M S X
```

BAMBU
FEIJÃO
BAGA
BOTÂNICA
ARBUSTO
CACTO
FERTILIZANTE
FLORA
FLOR
FOLHAGEM
FLORESTA
JARDIM
GRAMA
HERA
MUSGO
PÉTALA
RAIZ
CAULE
ÁRVORE
VEGETAÇÃO

# 90 - Countries #2

```
Ç H Z I A I M N E M S P U R
O D Q Q Z Q Q I T É O A O A
H R H M U N I G I X M Q C U
M W J A P Ã O É Ó I Á U N C
G R É C I A C R P C L I E R
L Ú I T X T D I I O I S P Â
Í S Í R I A I A A U A T A N
B S Ç R X J N D O G L Ã L I
A I U J A M A I C A B O I A
N A X D N Y M V Ç N Â L B Ç
O Q L E Ã I A M L D N V É H
H A F A T O R X M A I G R Q
F D A H O N C J Z R A T I V
Z L G H Z S A M F C Q E A T
```

ALBÂNIA
DINAMARCA
ETIÓPIA
GRÉCIA
HAITI
JAMAICA
JAPÃO
LAOS
LÍBANO
LIBÉRIA
MÉXICO
NEPAL
NIGÉRIA
PAQUISTÃO
RÚSSIA
SOMÁLIA
SUDÃO
SÍRIA
UGANDA
UCRÂNIA

# 91 - Ecology

```
D I V E R S I D A D E V V S
C D Z A S M A R I N H O E O
Y T F X V P X O J A Y N G B
O C L R R Â É P T T V A E R
B J O D E N L C R U T X T E
P S R M C T G L I R A U A V
L E A H U A Ç I C E L G Ç I
A C N A R N N M O Z S L Ã V
N A A B S O I A A A M O O Ê
T I H I O F Q D T C K B H N
A S K T S W R F A U N A A C
S N H A L Z Q S I D R L Z I
M O N T A N H A S M E A K A
S U S T E N T Á V E L S L E
```

CLIMA
COMUNIDADES
DIVERSIDADE
SECA
FAUNA
FLORA
GLOBAL
HABITAT
MARINHO
PÂNTANO
MONTANHAS
NATURAL
NATUREZA
PLANTAS
RECURSOS
ESPÉCIES
SOBREVIVÊNCIA
SUSTENTÁVEL
VEGETAÇÃO

# 92 - Adjectives #2

```
P R H N T Q L E S F E I Z D
B R E J S A Y G A A L X G E
Q S O S E C O V L M E Y M S
U O R D P N M D G I G S E C
U N G D U O O Y A N A A I R
A O U O J T N V D T N U N I
U L L T B F I S O O T D A T
T E H A K O I V Á L E Á T I
Ê N O D H R B X O V E V U V
N T S O S T L Y F D E E R O
T O O D B E Ç A P F S L A S
I N T E R E S S A N T E L P
C Q U E N T E F A M O S O Q
O U A Q N C R I A T I V O O
```

AUTÊNTICO
CRIATIVO
DESCRITIVO
SECO
ELEGANTE
FAMOSO
DOTADO
SAUDÁVEL
QUENTE
FAMINTO

INTERESSANTE
NATURAL
NOVO
PRODUTIVO
ORGULHOSO
RESPONSÁVEL
SALGADO
SONOLENTO
FORTE

# 93 - Math

| | | | | | | | | | | | | |
|---|---|---|---|---|---|---|---|---|---|---|---|---|
| Q | Â | N | G | U | L | O | S | N | P | N | A | J | E |
| P | L | E | K | D | H | R | P | Ú | E | J | R | Y | Q |
| P | A | R | A | L | E | L | O | M | R | O | I | P | U |
| D | V | R | A | I | O | Y | L | E | Í | Q | T | O | A |
| F | I | Ç | A | N | F | D | Í | R | M | U | M | H | Ç |
| R | H | V | H | L | G | N | G | O | E | A | É | S | Ã |
| A | E | D | I | J | E | L | O | S | T | D | T | D | O |
| Ç | V | T | I | S | Q | L | N | O | R | R | I | E | V |
| Ã | K | B | Â | I | Ã | G | O | Q | O | A | C | C | O |
| O | T | N | V | N | X | O | E | G | Ç | D | A | I | L |
| T | R | I | Â | N | G | U | L | O | R | O | V | M | U |
| Ç | K | X | E | X | S | U | C | C | Ç | A | B | A | M |
| E | U | K | I | H | F | G | L | E | P | Ç | M | L | E |
| E | X | P | O | E | N | T | E | O | V | Y | O | O | P |

ÂNGULOS
ARITMÉTICA
DECIMAL
DIVISÃO
EQUAÇÃO
EXPOENTE
FRAÇÃO
NÚMEROS
PARALELO

PARALELOGRAMO
PERÍMETRO
POLÍGONO
RAIO
RETÂNGULO
QUADRADO
TRIÂNGULO
VOLUME

# 94 - Water

```
Y V C U I M G H G T G E Z K
K Y A M A N N E Y K G K Q P
Q G N I R E U O Y Q T L Z O
G E A D A V I N Y S S X J T
O Ç L A A E R D D F E H M Á
S L A D I Z R A H A R R V V
M Ç G E L O I S R R Ç S F E
V O O A D G G B B I S Ã M L
M E C F U R A C Ã O O E O W
T T E O V S Ç V A P O R N R
K C A Z Z R Ã D Q E C D Ç P
G J N A D C O C H U V A Ã O
R J O E V A P O R A Ç Ã O C
Q D K I C H U V E I R O A P
```

CANAL
POTÁVEL
EVAPORAÇÃO
INUNDAÇÃO
GEADA
GEYSER
FURACÃO
GELO
IRRIGAÇÃO
LAGO

UMIDADE
MONÇÃO
OCEANO
CHUVA
RIO
CHUVEIRO
NEVE
VAPOR
ONDAS

# 95 - Activities

```
R L M A G I A Q U C P L C A
W E T G T E C Ç U A F A E R
B N L Q Y I C P H M C Z R T
U D C A C A V B F I L E Â E
W O I H X F H I D N M R M S
H M K N E A F Y D H K F I A
M X Q Z A T M X Z A S D C N
P I N T U R A E L D D G A A
P J Z J A R D I N A G E M T
E A P R A Z E R O T Q P R O
S B R C M M K T Y J O G O S
C F O T O G R A F I A B R X
A Ç H E E C N Q Y K K I R B
M K C Ç I N T E R E S S E S
```

ATIVIDADE
ARTE
CERÂMICA
ARTESANATO
PESCA
JOGOS
JARDINAGEM
CAMINHADA
CACA

INTERESSES
LAZER
MAGIA
PINTURA
FOTOGRAFIA
PRAZER
LENDO
RELAXAMENTO

# 96 - Literature

```
S O Y M E T Á F O R A X V L
N A R R A D O R C T U V S G
W V U R P G E V O E T D X T
A N E D O T A S N M O X C Ç
A I U Z É F E R C A R I M A
A N D H T Ç S O L R F H L D
G N A I I X T M U I I X J I
P X Á L C Z I A S T C Ç I Á
O D M L O X L N Ã M Ç O Ã L
E U G F I G O C O O Ã K D O
M R T A H S I E Q V O M Y G
A R H P A K E A B H W V M O
Ç O M P A R A Ç Ã O A W G A
B I O G R A F I A P L Z W Ç
```

ANALOGIA
ANÁLISE
ANEDOTA
AUTOR
BIOGRAFIA
COMPARAÇÃO
CONCLUSÃO
DESCRIÇÃO
DIÁLOGO
FICÇÃO
METÁFORA
NARRADOR
ROMANCE
POEMA
POÉTICO
RIMA
RITMO
ESTILO
TEMA

# 97 - Geography

```
M E R I D I A N O M I L H A
M U N D O Ç M F I O O I T T
L A T I T U D E A N L J Z E
V C O N T I N E N T E B C R
C S J N I T P Q C A L M K R
A I U X W G A N X N D A F I
L Y D L S S Í Ç Ç H B W S T
T S Q A P J S N D A A S X Ó
I Z O A D R M O C E A N O R
T W O Ç O E S T E N Y B K I
U M A P A G R Z N O V U J O
D W H E M I S F É R I O M L
E T V G P Ã R Z B T E U P Q
M A R I O O V K M E V K Y F
```

- ALTITUDE
- ATLAS
- CIDADE
- CONTINENTE
- PAÍS
- HEMISFÉRIO
- ILHA
- LATITUDE
- MAPA
- MERIDIANO
- MONTANHA
- NORTE
- OCEANO
- REGIÃO
- RIO
- MAR
- SUL
- TERRITÓRIO
- OESTE
- MUNDO

# 98 - Pets

```
K F D S O C V O T Q C V A M
G A R R A S Ã A U M A E B A
P G A T I N H O C C C T Y M
L A G A R T O Q A A H E H C
T T P X Z J K U B U O R X O
A O H A M S T E R D R I P L
R Y S L G L G W A A R N E A
T I Q N H A I B B Á O Á I R
A M O U S E I C D G B R X I
R A O I X T D O E U W I E N
U B G N G D W E F A L O A H
G A O S Q K G L C I E B K O
A E K D L Z B H F M L V H G
F H G Q M P K O K J D T B L
```

GATO
GARRAS
COLARINHO
VACA
CÃO
PEIXE
CABRA
HAMSTER
GATINHO
LAGARTO
MOUSE
PAPAGAIO
CACHORRO
COELHO
CAUDA
TARTARUGA
VETERINÁRIO
ÁGUA

# 99 - Nature

```
N M T B N P K E K P R G E T
U F O L H A G E M A I E R R
V D I N Â M I C O C O L O O
E P V I T A L M Q Í R E S P
N B S N Q A M D F F H I Ã I
S E R E N O N E V I L R O C
L L Z V W E H H U C G A D A
T E N O R W Ç X A O J E E L
W Z F E K H L Z B S U P S I
M A V I F L O R E S T A E A
F H V R P Q H G L R O K R V
Z E J O Q Y B K H K F P T I
Á R T I C O C A A Z S H O X
A N I M A I S U S O X W Ç Z
```

ANIMAIS
ÁRTICO
BELEZA
ABELHAS
NUVENS
DESERTO
DINÂMICO
EROSÃO
NEVOEIRO

FOLHAGEM
FLORESTA
GELEIRA
MONTANHAS
PACÍFICO
RIO
SERENO
TROPICAL
VITAL

# 100 - Vacation #2

```
A R T R A N S P O R T E J V
C E R E S T A U R A N T E I
A S Ç M A N F H Ç J X K S A
M E B A S T E V O Q B I T G
P R E R X Z R I S T M R R E
A V D C E O I S S A E I A M
M A T E N D A T L E W L N M
E S J Á S B D O A R Y H G F
N V R P X T O L Z O C A E Z
T M A P A I I G E P X U I Y
O P R A I A Q N R O F H R C
W M P A S S A P O R T E O Z
M O N T A N H A S T F U T M
U R Ç B N V Ç R C O Y K K I
```

AEROPORTO
PRAIA
ACAMPAMENTO
DESTINO
ESTRANGEIRO
FERIADO
HOTEL
ILHA
VIAGEM
LAZER

MAPA
MONTANHAS
PASSAPORTE
RESERVAS
RESTAURANTE
MAR
TÁXI
TENDA
TRANSPORTE
VISTO

## 1 - Food #1
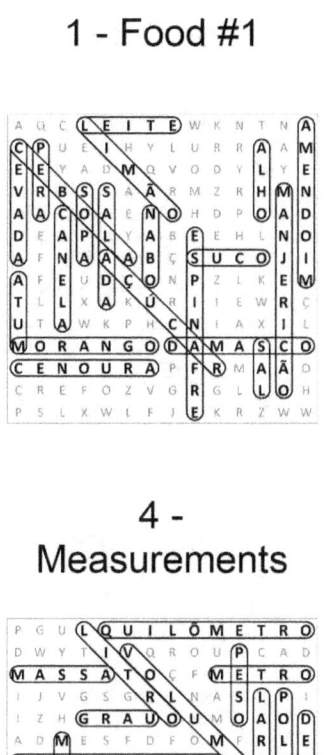

## 2 - Castles
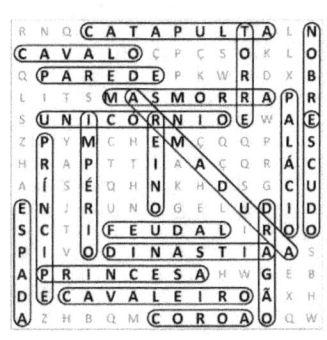

## 3 - Exploration
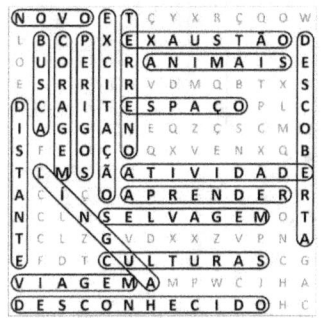

## 4 - Measurements
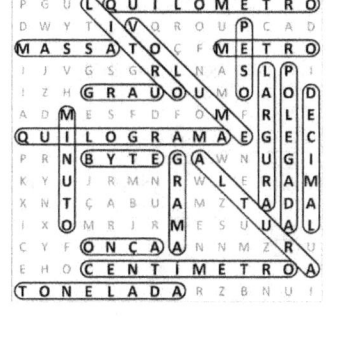

## 5 - Farm #2
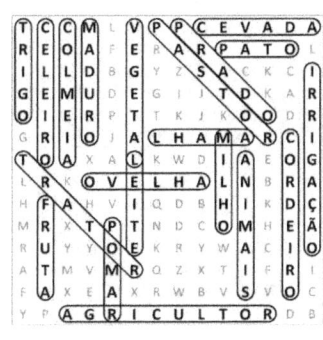

## 6 - Books
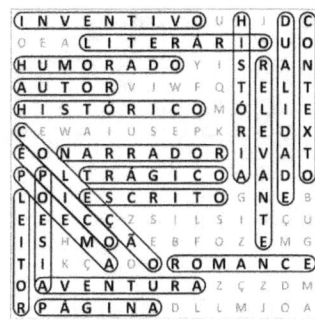

## 7 - Meditation
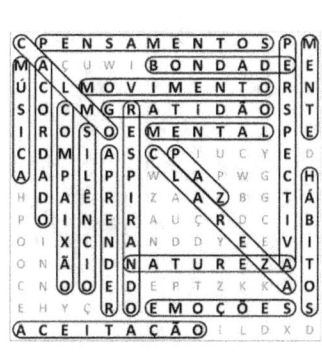

## 8 - Days and Months
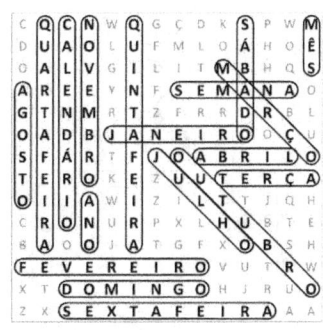

## 9 - Chess
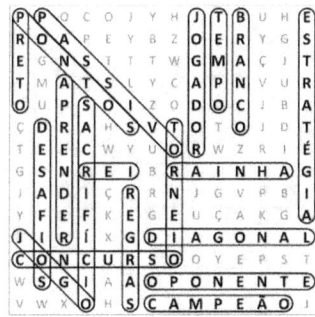

## 10 - Food #2
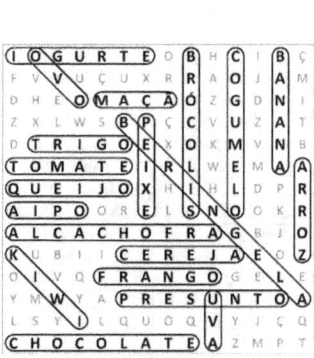

## 11 - Family
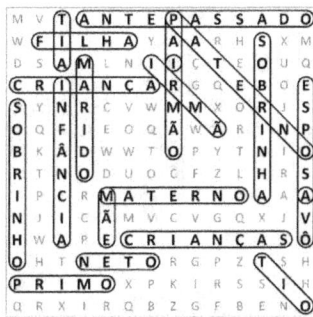

## 12 - Farm #1
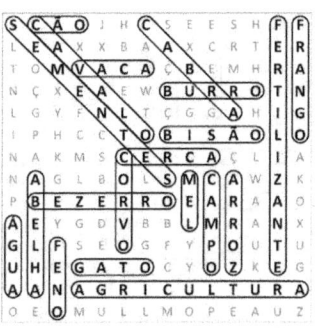

## 13 - Camping
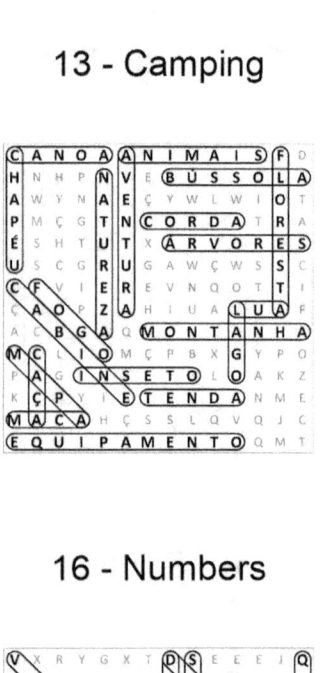

## 14 - Conservation
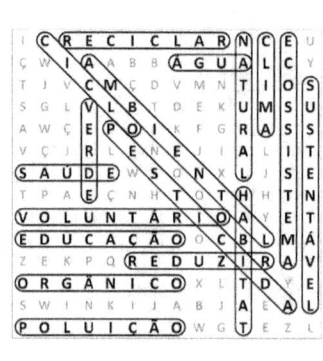

## 15 - Cats
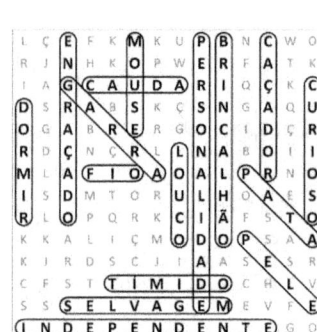

## 16 - Numbers
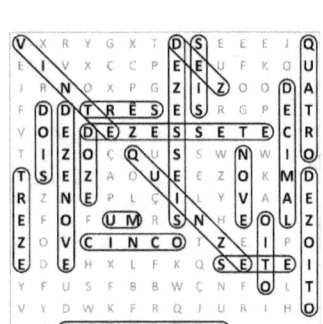

## 17 - Spices

## 18 - Mammals
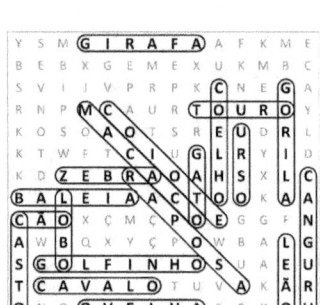

## 19 - Fishing
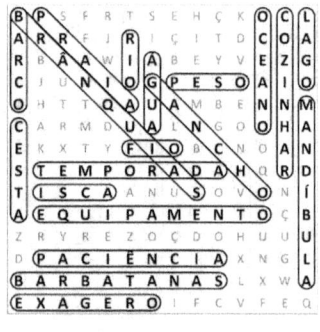

## 20 - Restaurant #1
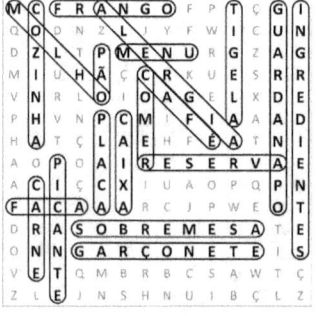

## 21 - Bees
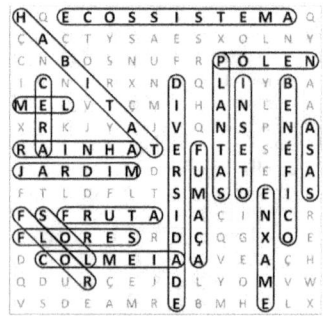

## 22 - Sports
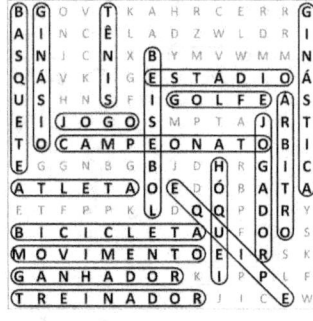

## 23 - Weather
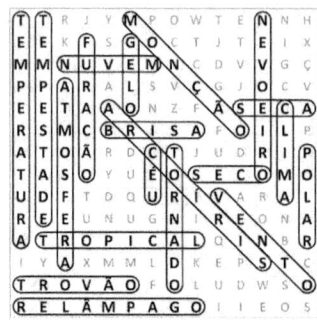

## 24 - Adventure
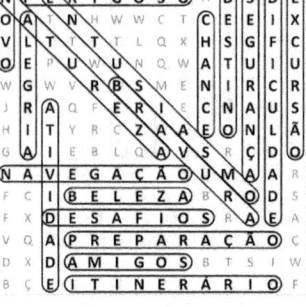

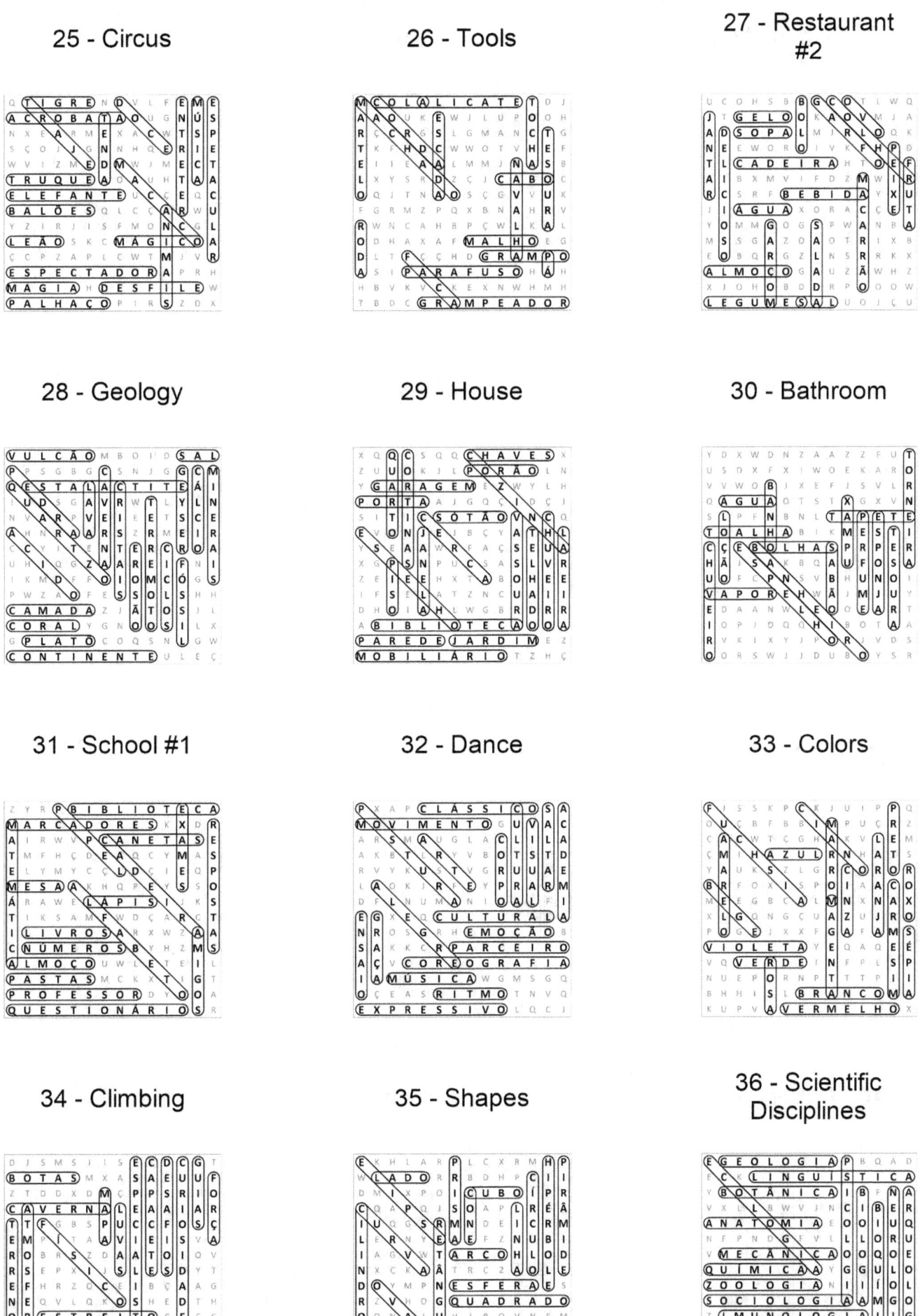

### 37 - School #2
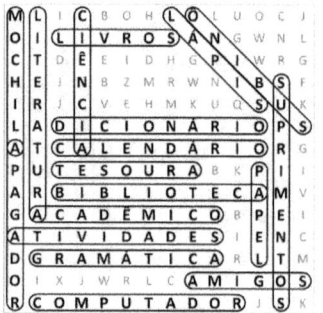

### 38 - Science

### 39 - To Fill
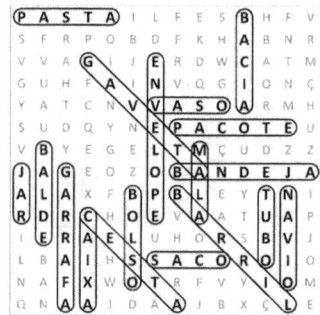

### 40 - Summer
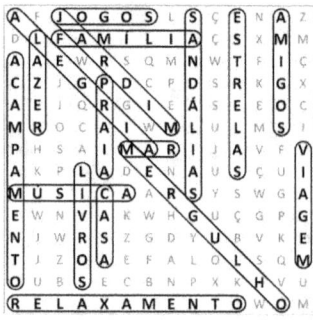

### 41 - Clothes
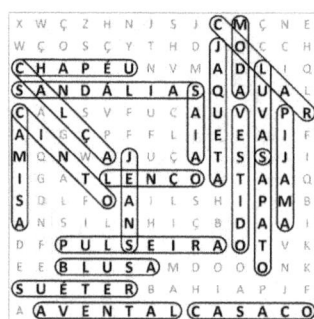

### 42 - Insects
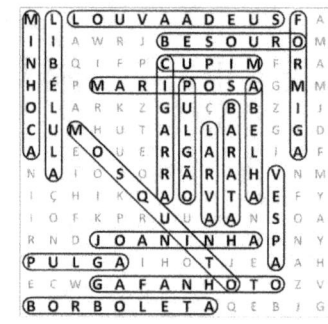

### 43 - Astronomy
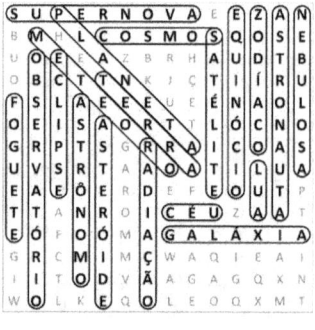

### 44 - Pirates
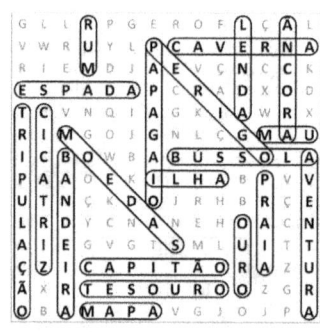

### 45 - Time
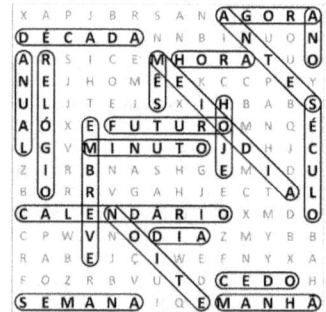

### 46 - Buildings
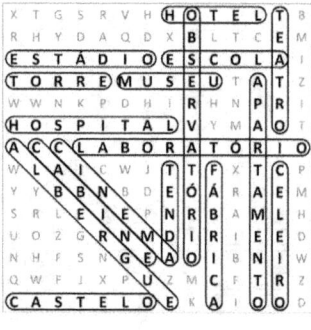

### 47 - Herbalism
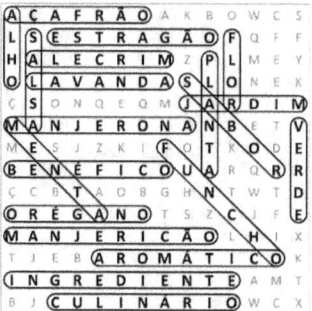

### 48 - Toys
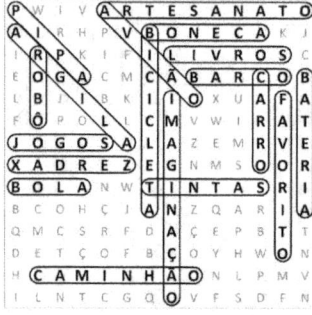

### 49 - Vehicles

### 50 - Flowers

### 51 - Town

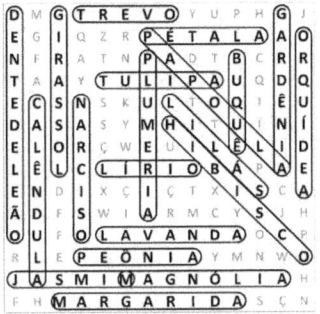

### 52 - Antarctica

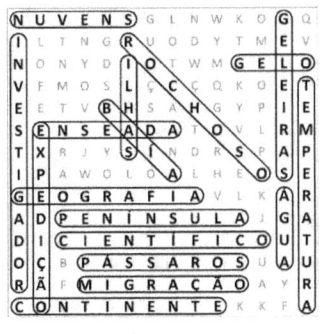

### 53 - Ballet

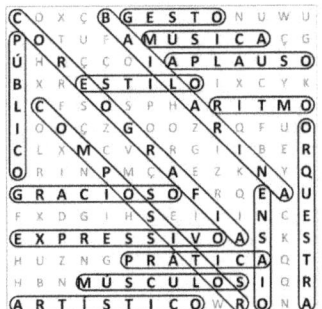

### 54 - Human Body

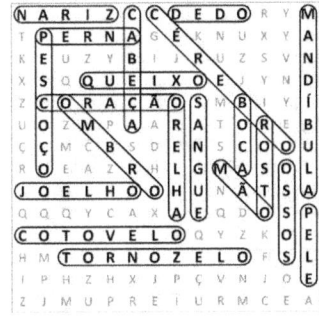

### 55 - Musical Instruments

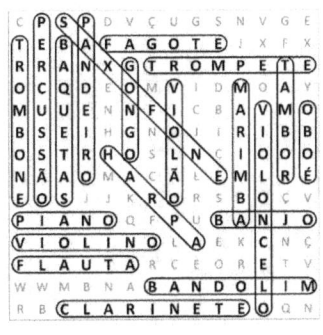

### 56 - Fruit

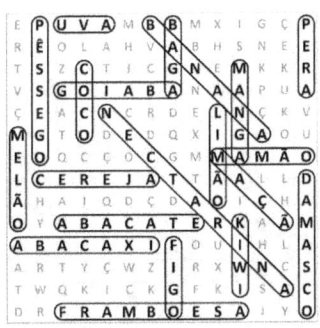

### 57 - Virtues #1

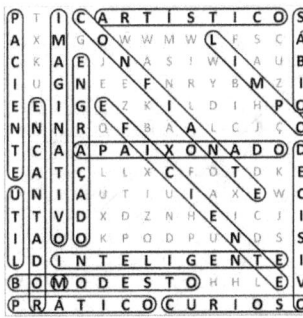

### 58 - Kitchen

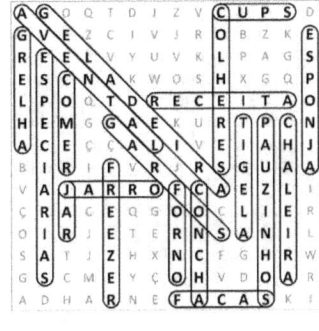

### 59 - Art Supplies

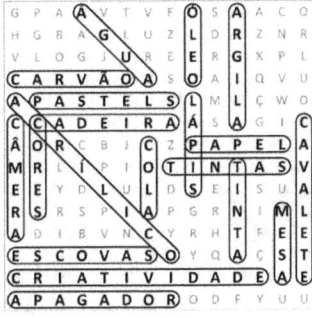

### 60 - Science Fiction

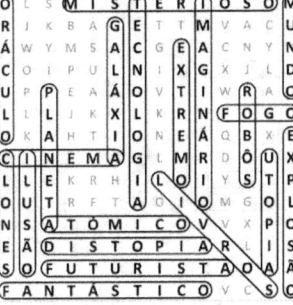

### 61 - Sounds
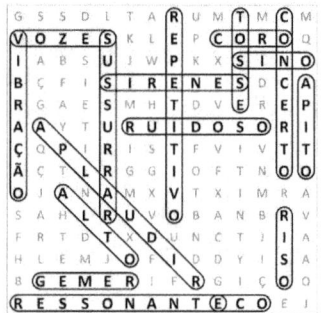

### 62 - Airplanes
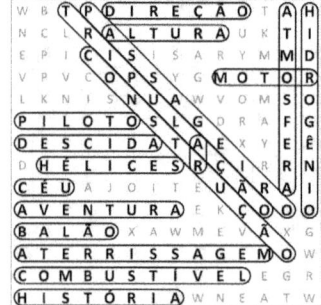

### 63 - Ocean
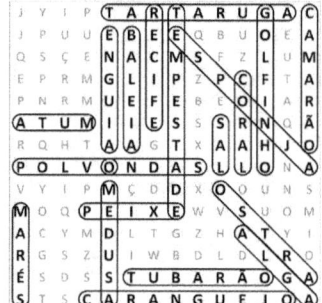

### 64 - Birds
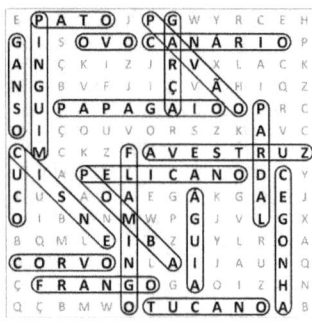

### 65 - Art
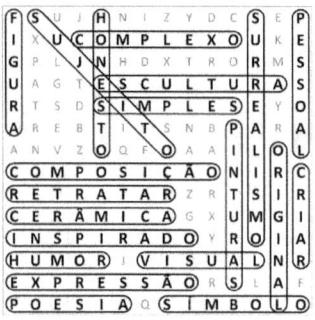

### 66 - Nutrition
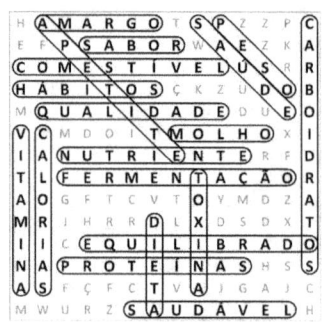

### 67 - Hiking

### 68 - Professions #1
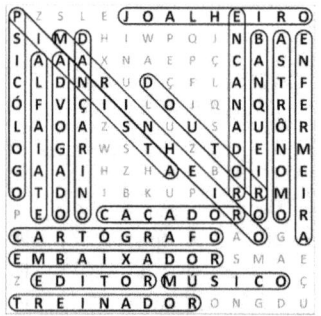

### 69 - Dinosaurs
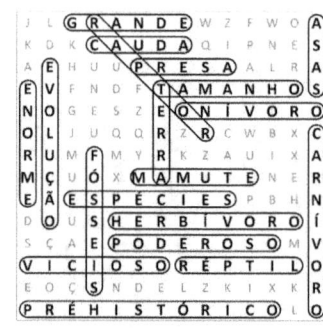

### 70 - Barbecues
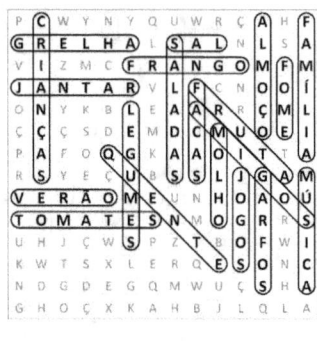

### 71 - Chocolate
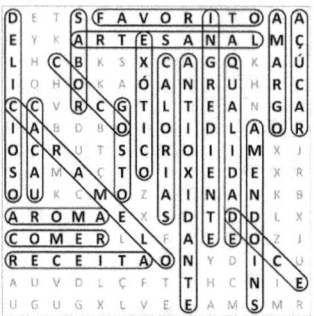

### 72 - Vegetables
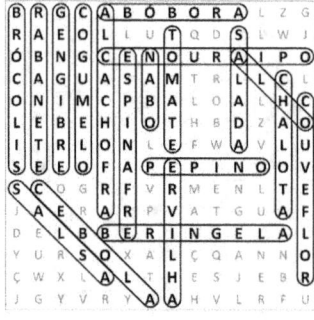

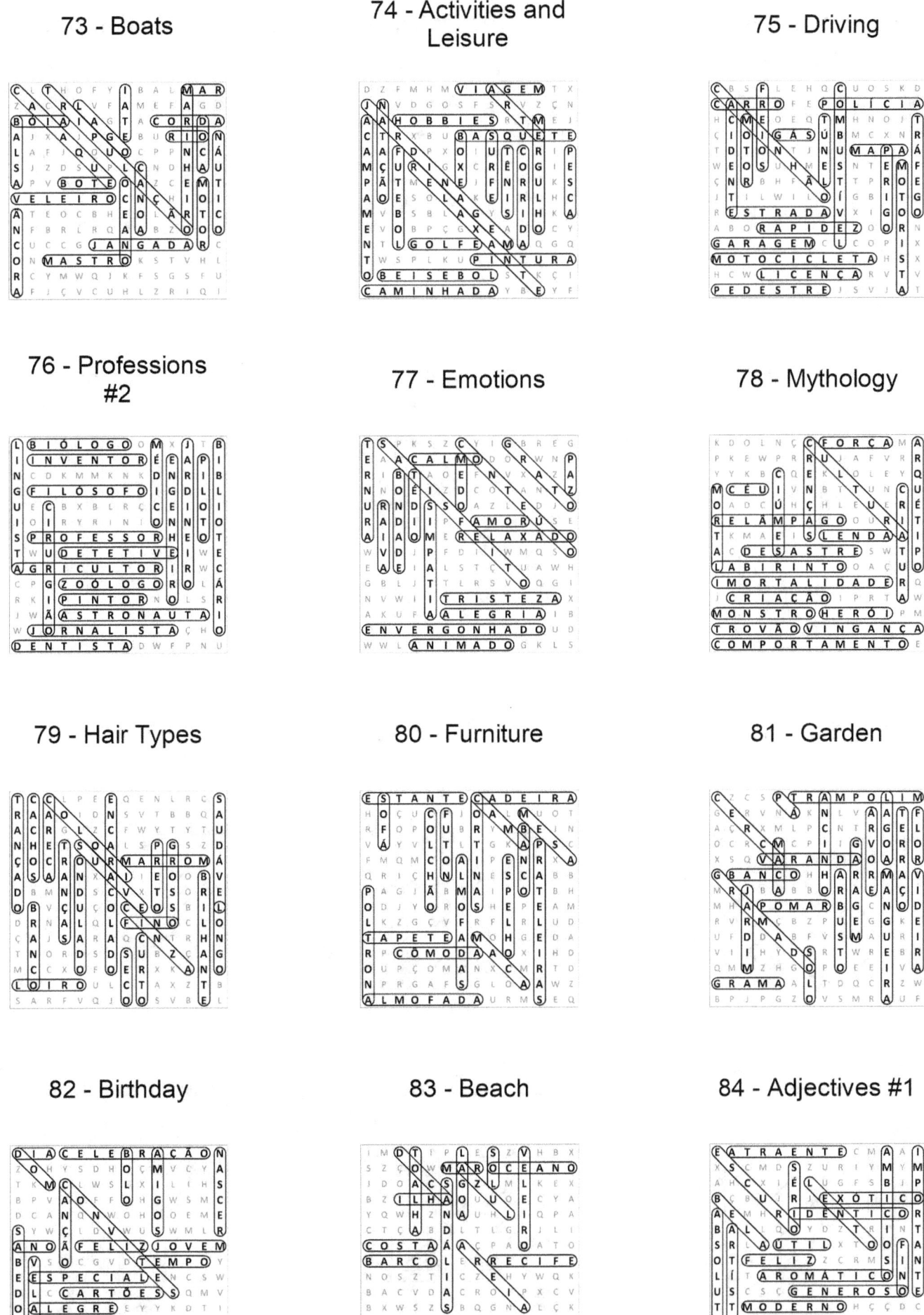

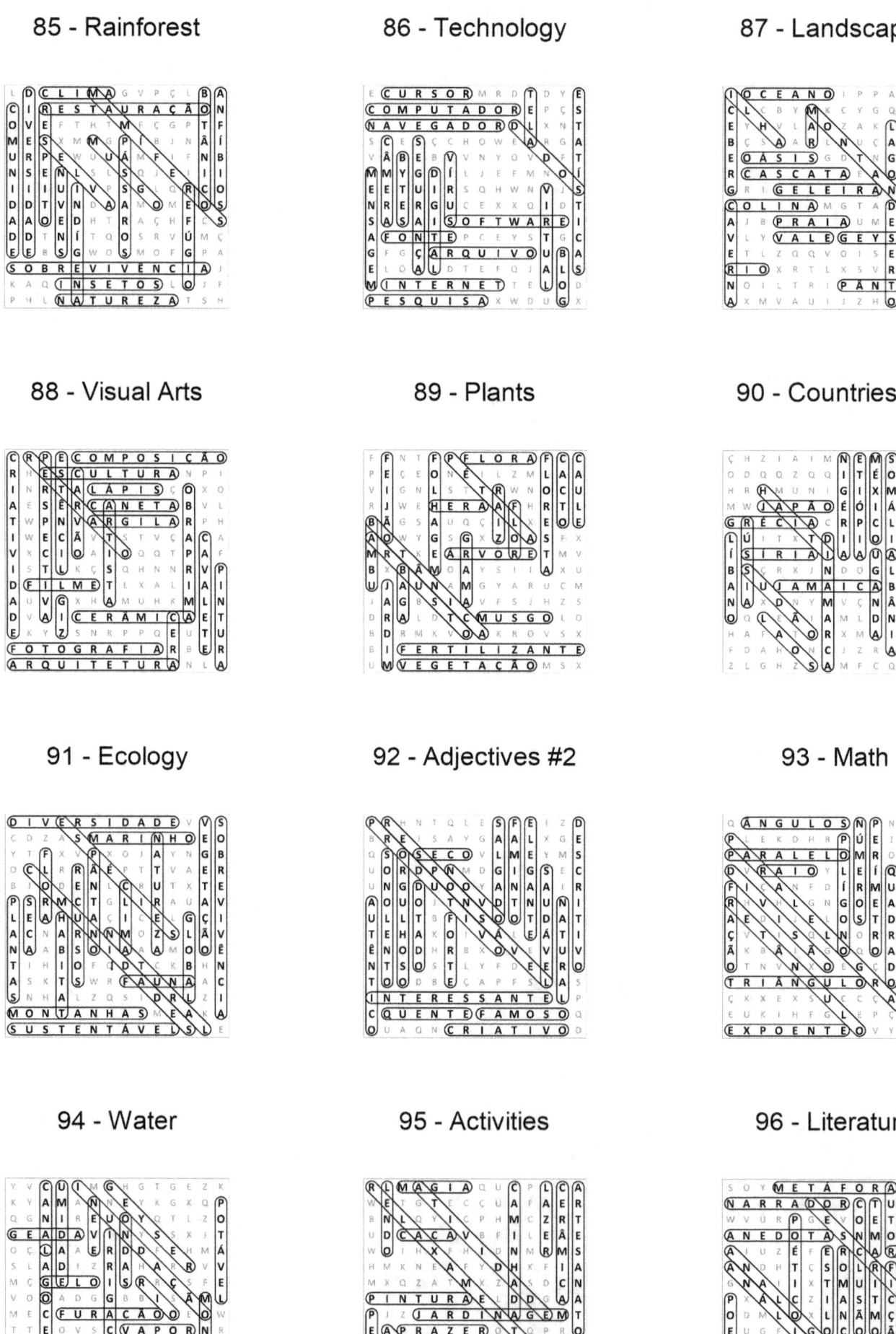

### 97 - Geography
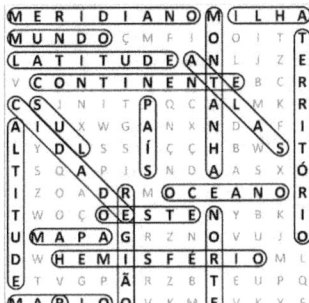

### 98 - Pets
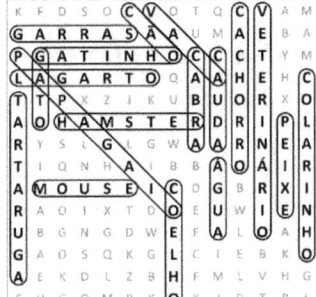

### 99 - Nature
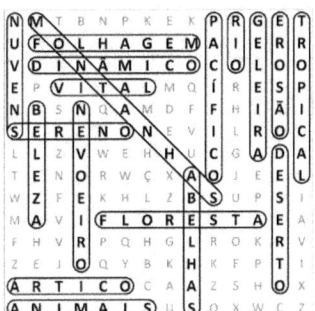

### 100 - Vacation #2
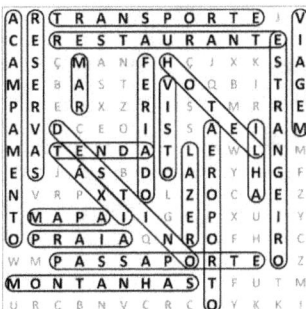

# Dictionary

## Activities
Atividades

| | |
|---|---|
| Activity | Atividade |
| Art | Arte |
| Ceramics | Cerâmica |
| Crafts | Artesanato |
| Fishing | Pesca |
| Games | Jogos |
| Gardening | Jardinagem |
| Hiking | Caminhada |
| Hunting | Caca |
| Interests | Interesses |
| Leisure | Lazer |
| Magic | Magia |
| Painting | Pintura |
| Photography | Fotografia |
| Pleasure | Prazer |
| Reading | Lendo |
| Relaxation | Relaxamento |
| Skill | Habilidade |

## Activities and Leisure
Atividades e Lazer

| | |
|---|---|
| Art | Arte |
| Baseball | Beisebol |
| Basketball | Basquete |
| Boxing | Boxe |
| Camping | Acampamento |
| Diving | Mergulho |
| Fishing | Pesca |
| Gardening | Jardinagem |
| Golf | Golfe |
| Hiking | Caminhada |
| Hobbies | Hobbies |
| Painting | Pintura |
| Racing | Corrida |
| Relaxing | Relaxante |
| Soccer | Futebol |
| Surfing | Surfe |
| Swimming | Natação |
| Tennis | Tênis |
| Travel | Viagem |
| Volleyball | Voleibol |

## Adjectives #1
Adjetivos #1

| | |
|---|---|
| Absolute | Absoluto |
| Ambitious | Ambicioso |
| Aromatic | Aromático |
| Artistic | Artístico |
| Attractive | Atraente |
| Beautiful | Bela |
| Dark | Escuro |
| Exotic | Exótico |
| Generous | Generoso |
| Happy | Feliz |
| Heavy | Pesado |
| Helpful | Útil |
| Honest | Honesto |
| Identical | Idêntico |
| Important | Importante |
| Modern | Moderno |
| Serious | Sério |
| Slow | Lento |
| Thin | Fino |
| Valuable | Valioso |

## Adjectives #2
Adjetivos #2

| | |
|---|---|
| Authentic | Autêntico |
| Creative | Criativo |
| Descriptive | Descritivo |
| Dry | Seco |
| Elegant | Elegante |
| Famous | Famoso |
| Gifted | Dotado |
| Healthy | Saudável |
| Hot | Quente |
| Hungry | Faminto |
| Interesting | Interessante |
| Natural | Natural |
| New | Novo |
| Productive | Produtivo |
| Proud | Orgulhoso |
| Responsible | Responsável |
| Salty | Salgado |
| Sleepy | Sonolento |
| Strong | Forte |
| Wild | Selvagem |

## Adventure
Aventura

| | |
|---|---|
| Activity | Atividade |
| Beauty | Beleza |
| Bravery | Bravura |
| Challenges | Desafios |
| Chance | Chance |
| Dangerous | Perigoso |
| Destination | Destino |
| Difficulty | Dificuldade |
| Enthusiasm | Entusiasmo |
| Excursion | Excursão |
| Friends | Amigos |
| Itinerary | Itinerário |
| Joy | Alegria |
| Nature | Natureza |
| Navigation | Navegação |
| New | Novo |
| Opportunity | Oportunidade |
| Preparation | Preparação |
| Safety | Segurança |
| Unusual | Incomum |

## Airplanes
Aviões

| | |
|---|---|
| Adventure | Aventura |
| Air | Ar |
| Altitude | Altitude |
| Atmosphere | Atmosfera |
| Balloon | Balão |
| Construction | Construção |
| Crew | Tripulação |
| Descent | Descida |
| Direction | Direção |
| Engine | Motor |
| Fuel | Combustível |
| Height | Altura |
| History | História |
| Hydrogen | Hidrogênio |
| Landing | Aterrissagem |
| Passenger | Passageiro |
| Pilot | Piloto |
| Propellers | Hélices |
| Sky | Céu |
| Turbulence | Turbulência |

## Antarctica
### Antártica

| | |
|---|---|
| Bay | Baía |
| Birds | Pássaros |
| Clouds | Nuvens |
| Conservation | Conservação |
| Continent | Continente |
| Cove | Enseada |
| Environment | Ambiente |
| Expedition | Expedição |
| Geography | Geografia |
| Glaciers | Geleiras |
| Ice | Gelo |
| Islands | Ilhas |
| Migration | Migração |
| Peninsula | Península |
| Researcher | Investigador |
| Rocky | Rochoso |
| Scientific | Científico |
| Temperature | Temperatura |
| Topography | Topografia |
| Water | Água |

## Art
### Arte

| | |
|---|---|
| Ceramic | Cerâmica |
| Complex | Complexo |
| Composition | Composição |
| Create | Criar |
| Expression | Expressão |
| Figure | Figura |
| Honest | Honesto |
| Inspired | Inspirado |
| Mood | Humor |
| Original | Original |
| Paintings | Pinturas |
| Personal | Pessoal |
| Poetry | Poesia |
| Portray | Retratar |
| Sculpture | Escultura |
| Simple | Simples |
| Subject | Sujeito |
| Surrealism | Surrealismo |
| Symbol | Símbolo |
| Visual | Visual |

## Art Supplies
### Material de Arte

| | |
|---|---|
| Acrylic | Acrílico |
| Brushes | Escovas |
| Camera | Câmera |
| Chair | Cadeira |
| Charcoal | Carvão |
| Clay | Argila |
| Colors | Cores |
| Creativity | Criatividade |
| Easel | Cavalete |
| Eraser | Apagador |
| Glue | Cola |
| Ink | Tinta |
| Oil | Óleo |
| Paints | Tintas |
| Paper | Papel |
| Pastels | Pastels |
| Pencils | Lápis |
| Table | Mesa |
| Water | Água |
| Watercolors | Aquarelas |

## Astronomy
### Astronomia

| | |
|---|---|
| Asteroid | Asteróide |
| Astronaut | Astronauta |
| Astronomer | Astrônomo |
| Constellation | Constelação |
| Cosmos | Cosmos |
| Earth | Terra |
| Eclipse | Eclipse |
| Equinox | Equinócio |
| Galaxy | Galáxia |
| Meteor | Meteoro |
| Moon | Lua |
| Nebula | Nebulosa |
| Observatory | Observatório |
| Planet | Planeta |
| Radiation | Radiação |
| Rocket | Foguete |
| Satellite | Satélite |
| Sky | Céu |
| Supernova | Supernova |
| Zodiac | Zodíaco |

## Ballet
### Balé

| | |
|---|---|
| Applause | Aplauso |
| Artistic | Artístico |
| Audience | Público |
| Ballerina | Bailarina |
| Choreography | Coreografia |
| Composer | Compositor |
| Dancers | Dançarinos |
| Expressive | Expressivo |
| Gesture | Gesto |
| Graceful | Gracioso |
| Intensity | Intensidade |
| Muscles | Músculos |
| Music | Música |
| Orchestra | Orquestra |
| Practice | Prática |
| Rehearsal | Ensaio |
| Rhythm | Ritmo |
| Skill | Habilidade |
| Style | Estilo |
| Technique | Técnica |

## Barbecues
### Churrascos

| | |
|---|---|
| Chicken | Frango |
| Children | Crianças |
| Dinner | Jantar |
| Family | Família |
| Forks | Garfos |
| Friends | Amigos |
| Fruit | Fruta |
| Games | Jogos |
| Grill | Grelha |
| Hot | Quente |
| Hunger | Fome |
| Knives | Facas |
| Lunch | Almoço |
| Music | Música |
| Salads | Saladas |
| Salt | Sal |
| Sauce | Molho |
| Summer | Verão |
| Tomatoes | Tomates |
| Vegetables | Legumes |

## Bathroom
### Banheiro

| | |
|---|---|
| **Bath** | Banho |
| **Bubbles** | Bolhas |
| **Faucet** | Torneira |
| **Lotion** | Loção |
| **Mirror** | Espelho |
| **Perfume** | Perfume |
| **Rug** | Tapete |
| **Scissors** | Tesoura |
| **Shampoo** | Xampu |
| **Shower** | Chuveiro |
| **Soap** | Sabão |
| **Sponge** | Esponja |
| **Steam** | Vapor |
| **Toilet** | Banheiro |
| **Towel** | Toalha |
| **Water** | Água |

## Beach
### Praia

| | |
|---|---|
| **Blue** | Azul |
| **Boat** | Barco |
| **Coast** | Costa |
| **Crab** | Caranguejo |
| **Dock** | Doca |
| **Island** | Ilha |
| **Lagoon** | Lagoa |
| **Ocean** | Oceano |
| **Reef** | Recife |
| **Sailboat** | Veleiro |
| **Sand** | Areia |
| **Sandals** | Sandálias |
| **Sea** | Mar |
| **Sun** | Sol |
| **Towel** | Toalha |
| **Umbrella** | Guarda-Chuva |

## Bees
### Abelhas

| | |
|---|---|
| **Beneficial** | Benéfico |
| **Blossom** | Flor |
| **Diversity** | Diversidade |
| **Ecosystem** | Ecossistema |
| **Flowers** | Flores |
| **Fruit** | Fruta |
| **Garden** | Jardim |
| **Habitat** | Habitat |
| **Hive** | Colmeia |
| **Honey** | Mel |
| **Insect** | Inseto |
| **Plants** | Plantas |
| **Pollen** | Pólen |
| **Queen** | Rainha |
| **Smoke** | Fumaça |
| **Sun** | Sol |
| **Swarm** | Enxame |
| **Wax** | Cera |
| **Wings** | Asas |

## Birds
### Pássaros

| | |
|---|---|
| **Canary** | Canário |
| **Chicken** | Frango |
| **Crow** | Corvo |
| **Cuckoo** | Cuco |
| **Dove** | Pomba |
| **Duck** | Pato |
| **Eagle** | Águia |
| **Egg** | Ovo |
| **Flamingo** | Flamingo |
| **Goose** | Ganso |
| **Heron** | Garça |
| **Ostrich** | Avestruz |
| **Parrot** | Papagaio |
| **Peacock** | Pavão |
| **Pelican** | Pelicano |
| **Penguin** | Pinguim |
| **Sparrow** | Pardal |
| **Stork** | Cegonha |
| **Swan** | Cisne |
| **Toucan** | Tucano |

## Birthday
### Aniversário

| | |
|---|---|
| **Born** | Nascer |
| **Cake** | Bolo |
| **Calendar** | Calendário |
| **Candles** | Velas |
| **Cards** | Cartões |
| **Celebration** | Celebração |
| **Day** | Dia |
| **Friends** | Amigos |
| **Gift** | Dom |
| **Happy** | Feliz |
| **Invitations** | Convites |
| **Joyful** | Alegre |
| **Song** | Canção |
| **Special** | Especial |
| **Time** | Tempo |
| **To Learn** | Aprender |
| **Wisdom** | Sabedoria |
| **Year** | Ano |
| **Young** | Jovem |

## Boats
### Barcos

| | |
|---|---|
| **Anchor** | Âncora |
| **Buoy** | Bóia |
| **Canoe** | Canoa |
| **Crew** | Tripulação |
| **Dock** | Doca |
| **Engine** | Motor |
| **Ferry** | Balsa |
| **Kayak** | Caiaque |
| **Lake** | Lago |
| **Lifeboat** | Bote |
| **Mast** | Mastro |
| **Nautical** | Náutico |
| **Ocean** | Oceano |
| **Raft** | Jangada |
| **River** | Rio |
| **Rope** | Corda |
| **Sailboat** | Veleiro |
| **Sailor** | Marinheiro |
| **Sea** | Mar |
| **Yacht** | Iate |

## Books
### Livros

| | |
|---|---|
| Adventure | Aventura |
| Author | Autor |
| Collection | Coleção |
| Context | Contexto |
| Duality | Dualidade |
| Epic | Épico |
| Historical | Histórico |
| Humorous | Humorado |
| Inventive | Inventivo |
| Literary | Literário |
| Narrator | Narrador |
| Novel | Romance |
| Page | Página |
| Poem | Poema |
| Poetry | Poesia |
| Reader | Leitor |
| Relevant | Relevante |
| Story | História |
| Tragic | Trágico |
| Written | Escrito |

## Buildings
### Edifícios

| | |
|---|---|
| Apartment | Apartamento |
| Barn | Celeiro |
| Cabin | Cabine |
| Castle | Castelo |
| Cinema | Cinema |
| Embassy | Embaixada |
| Factory | Fábrica |
| Hospital | Hospital |
| Hostel | Albergue |
| Hotel | Hotel |
| Laboratory | Laboratório |
| Museum | Museu |
| Observatory | Observatório |
| School | Escola |
| Stadium | Estádio |
| Supermarket | Supermercado |
| Tent | Tenda |
| Theater | Teatro |
| Tower | Torre |
| University | Universidade |

## Camping
### Acampamento

| | |
|---|---|
| Adventure | Aventura |
| Animals | Animais |
| Cabin | Cabine |
| Canoe | Canoa |
| Compass | Bússola |
| Equipment | Equipamento |
| Fire | Fogo |
| Forest | Floresta |
| Hammock | Maca |
| Hat | Chapéu |
| Hunting | Caça |
| Insect | Inseto |
| Lake | Lago |
| Map | Mapa |
| Moon | Lua |
| Mountain | Montanha |
| Nature | Natureza |
| Rope | Corda |
| Tent | Tenda |
| Trees | Árvores |

## Castles
### Castelos

| | |
|---|---|
| Armor | Armadura |
| Catapult | Catapulta |
| Crown | Coroa |
| Dragon | Dragão |
| Dungeon | Masmorra |
| Dynasty | Dinastia |
| Empire | Império |
| Feudal | Feudal |
| Horse | Cavalo |
| Kingdom | Reino |
| Knight | Cavaleiro |
| Noble | Nobre |
| Palace | Palácio |
| Prince | Príncipe |
| Princess | Princesa |
| Shield | Escudo |
| Sword | Espada |
| Tower | Torre |
| Unicorn | Unicórnio |
| Wall | Parede |

## Cats
### Gatos

| | |
|---|---|
| Claw | Garra |
| Crazy | Louco |
| Curious | Curioso |
| Funny | Engraçado |
| Fur | Pele |
| Hunter | Caçador |
| Independent | Independente |
| Mouse | Mouse |
| Paw | Pata |
| Personality | Personalidade |
| Playful | Brincalhão |
| Shy | Tímido |
| Sleep | Dormir |
| Tail | Cauda |
| Wild | Selvagem |
| Yarn | Fio |

## Chess
### Xadrez

| | |
|---|---|
| Black | Preto |
| Challenges | Desafios |
| Champion | Campeão |
| Contest | Concurso |
| Diagonal | Diagonal |
| Game | Jogo |
| King | Rei |
| Opponent | Oponente |
| Passive | Passivo |
| Player | Jogador |
| Points | Pontos |
| Queen | Rainha |
| Rules | Regras |
| Sacrifice | Sacrifício |
| Strategy | Estratégia |
| Time | Tempo |
| To Learn | Aprender |
| Tournament | Torneio |
| White | Branco |

## Chocolate
### Chocolate

| | |
|---|---|
| **Antioxidant** | Antioxidante |
| **Aroma** | Aroma |
| **Artisanal** | Artesanal |
| **Bitter** | Amargo |
| **Cacao** | Cacau |
| **Calories** | Calorias |
| **Caramel** | Caramelo |
| **Coconut** | Coco |
| **Delicious** | Delicioso |
| **Exotic** | Exótico |
| **Favorite** | Favorito |
| **Flavor** | Sabor |
| **Ingredient** | Ingrediente |
| **Peanuts** | Amendoins |
| **Quality** | Qualidade |
| **Recipe** | Receita |
| **Sugar** | Açúcar |
| **Sweet** | Doce |
| **Taste** | Gosto |
| **To Eat** | Comer |

## Circus
### Circo

| | |
|---|---|
| **Acrobat** | Acrobata |
| **Animals** | Animais |
| **Balloons** | Balões |
| **Candy** | Doce |
| **Clown** | Palhaço |
| **Costume** | Traje |
| **Elephant** | Elefante |
| **Entertain** | Entreter |
| **Juggler** | Malabarista |
| **Lion** | Leão |
| **Magic** | Magia |
| **Magician** | Mágico |
| **Monkey** | Macaco |
| **Music** | Música |
| **Parade** | Desfile |
| **Spectacular** | Espetacular |
| **Spectator** | Espectador |
| **Tent** | Tenda |
| **Tiger** | Tigre |
| **Trick** | Truque |

## Climbing
### Escalada

| | |
|---|---|
| **Altitude** | Altitude |
| **Atmosphere** | Atmosfera |
| **Boots** | Botas |
| **Cave** | Caverna |
| **Challenges** | Desafios |
| **Curiosity** | Curiosidade |
| **Expert** | Especialista |
| **Gloves** | Luvas |
| **Guides** | Guias |
| **Helmet** | Capacete |
| **Hiking** | Caminhada |
| **Map** | Mapa |
| **Narrow** | Estreito |
| **Physical** | Físico |
| **Stability** | Estabilidade |
| **Strength** | Força |
| **Terrain** | Terreno |

## Clothes
### Roupas

| | |
|---|---|
| **Apron** | Avental |
| **Belt** | Cinto |
| **Blouse** | Blusa |
| **Bracelet** | Pulseira |
| **Coat** | Casaco |
| **Dress** | Vestido |
| **Fashion** | Moda |
| **Gloves** | Luvas |
| **Hat** | Chapéu |
| **Jacket** | Jaqueta |
| **Jeans** | Jeans |
| **Necklace** | Colar |
| **Pajamas** | Pijama |
| **Pants** | Calça |
| **Sandals** | Sandálias |
| **Scarf** | Lenço |
| **Shirt** | Camisa |
| **Shoe** | Sapato |
| **Skirt** | Saia |
| **Sweater** | Suéter |

## Colors
### Cores

| | |
|---|---|
| **Beige** | Bege |
| **Black** | Preto |
| **Blue** | Azul |
| **Brown** | Marrom |
| **Crimson** | Carmesim |
| **Cyan** | Ciano |
| **Fuchsia** | Fuchsia |
| **Green** | Verde |
| **Grey** | Cinza |
| **Magenta** | Magenta |
| **Orange** | Laranja |
| **Pink** | Rosa |
| **Purple** | Roxo |
| **Red** | Vermelho |
| **Sepia** | Sépia |
| **Violet** | Violeta |
| **White** | Branco |
| **Yellow** | Amarelo |

## Conservation
### Conservação

| | |
|---|---|
| **Climate** | Clima |
| **Cycle** | Ciclo |
| **Ecosystem** | Ecossistema |
| **Education** | Educação |
| **Environmental** | Ambiental |
| **Green** | Verde |
| **Habitat** | Habitat |
| **Health** | Saúde |
| **Natural** | Natural |
| **Organic** | Orgânico |
| **Pesticide** | Pesticida |
| **Pollution** | Poluição |
| **Recycle** | Reciclar |
| **Reduce** | Reduzir |
| **Sustainable** | Sustentável |
| **Volunteer** | Voluntário |
| **Water** | Água |

## Countries #2
### Países #2

| | |
|---|---|
| Albania | Albânia |
| Denmark | Dinamarca |
| Ethiopia | Etiópia |
| Greece | Grécia |
| Haiti | Haiti |
| Jamaica | Jamaica |
| Japan | Japão |
| Laos | Laos |
| Lebanon | Líbano |
| Liberia | Libéria |
| Mexico | México |
| Nepal | Nepal |
| Nigeria | Nigéria |
| Pakistan | Paquistão |
| Russia | Rússia |
| Somalia | Somália |
| Sudan | Sudão |
| Syria | Síria |
| Uganda | Uganda |
| Ukraine | Ucrânia |

## Dance
### Dança

| | |
|---|---|
| Academy | Academia |
| Art | Arte |
| Body | Corpo |
| Choreography | Coreografia |
| Classical | Clássico |
| Cultural | Cultural |
| Culture | Cultura |
| Emotion | Emoção |
| Expressive | Expressivo |
| Grace | Graça |
| Joyful | Alegre |
| Jump | Saltar |
| Movement | Movimento |
| Music | Música |
| Partner | Parceiro |
| Posture | Postura |
| Rehearsal | Ensaio |
| Rhythm | Ritmo |
| Traditional | Tradicional |
| Visual | Visual |

## Days and Months
### Dias e Meses

| | |
|---|---|
| April | Abril |
| August | Agosto |
| Calendar | Calendário |
| February | Fevereiro |
| Friday | Sexta-Feira |
| January | Janeiro |
| July | Julho |
| March | Março |
| Monday | Segunda-Feira |
| Month | Mês |
| November | Novembro |
| October | Outubro |
| Saturday | Sábado |
| September | Setembro |
| Sunday | Domingo |
| Thursday | Quinta-Feira |
| Tuesday | Terça |
| Wednesday | Quarta-Feira |
| Week | Semana |
| Year | Ano |

## Dinosaurs
### Dinossauros

| | |
|---|---|
| Carnivore | Carnívoro |
| Earth | Terra |
| Enormous | Enorme |
| Evolution | Evolução |
| Fossils | Fósseis |
| Herbivore | Herbívoro |
| Large | Grande |
| Mammoth | Mamute |
| Omnivore | Onívoro |
| Powerful | Poderoso |
| Prehistoric | Pré-Histórico |
| Prey | Presa |
| Raptor | Raptor |
| Reptile | Réptil |
| Size | Tamanho |
| Species | Espécies |
| Tail | Cauda |
| Vicious | Vicioso |
| Wings | Asas |

## Driving
### Dirigindo

| | |
|---|---|
| Accident | Acidente |
| Brakes | Freios |
| Car | Carro |
| Danger | Perigo |
| Driver | Motorista |
| Fuel | Combustível |
| Garage | Garagem |
| Gas | Gás |
| License | Licença |
| Map | Mapa |
| Motor | Motor |
| Motorcycle | Motocicleta |
| Pedestrian | Pedestre |
| Police | Polícia |
| Road | Estrada |
| Safety | Segurança |
| Speed | Rapidez |
| Traffic | Tráfego |
| Truck | Caminhão |
| Tunnel | Túnel |

## Ecology
### Ecologia

| | |
|---|---|
| Climate | Clima |
| Communities | Comunidades |
| Diversity | Diversidade |
| Drought | Seca |
| Fauna | Fauna |
| Flora | Flora |
| Global | Global |
| Habitat | Habitat |
| Marine | Marinho |
| Marsh | Pântano |
| Mountains | Montanhas |
| Natural | Natural |
| Nature | Natureza |
| Plants | Plantas |
| Resources | Recursos |
| Species | Espécies |
| Survival | Sobrevivência |
| Sustainable | Sustentável |
| Vegetation | Vegetação |
| Volunteers | Voluntários |

## Emotions
### Emoções

| | |
|---|---|
| Anger | Raiva |
| Boredom | Tédio |
| Calm | Calmo |
| Content | Conteúdo |
| Embarrassed | Envergonhado |
| Excited | Animado |
| Fear | Medo |
| Grateful | Grato |
| Joy | Alegria |
| Kindness | Bondade |
| Love | Amor |
| Peace | Paz |
| Relaxed | Relaxado |
| Sadness | Tristeza |
| Satisfied | Satisfeito |
| Sympathy | Simpatia |
| Tenderness | Ternura |
| Tranquility | Tranquilidade |

## Exploration
### Exploração

| | |
|---|---|
| Activity | Atividade |
| Animals | Animais |
| Courage | Coragem |
| Cultures | Culturas |
| Determination | Determinação |
| Discovery | Descoberta |
| Distant | Distante |
| Excitement | Excitação |
| Exhaustion | Exaustão |
| Hazards | Perigos |
| Language | Língua |
| New | Novo |
| Quest | Busca |
| Space | Espaço |
| Terrain | Terreno |
| To Learn | Aprender |
| Travel | Viagem |
| Unknown | Desconhecido |
| Wild | Selvagem |

## Family
### Família

| | |
|---|---|
| Ancestor | Antepassado |
| Aunt | Tia |
| Brother | Irmão |
| Child | Criança |
| Childhood | Infância |
| Children | Crianças |
| Cousin | Primo |
| Daughter | Filha |
| Father | Pai |
| Grandfather | Avô |
| Grandson | Neto |
| Husband | Marido |
| Maternal | Materno |
| Mother | Mãe |
| Nephew | Sobrinho |
| Niece | Sobrinha |
| Paternal | Paterno |
| Sister | Irmã |
| Uncle | Tio |
| Wife | Esposa |

## Farm #1
### Fazenda #1

| | |
|---|---|
| Agriculture | Agricultura |
| Bee | Abelha |
| Bison | Bisão |
| Calf | Bezerro |
| Cat | Gato |
| Chicken | Frango |
| Cow | Vaca |
| Crow | Corvo |
| Dog | Cão |
| Donkey | Burro |
| Fence | Cerca |
| Fertilizer | Fertilizante |
| Field | Campo |
| Goat | Cabra |
| Hay | Feno |
| Honey | Mel |
| Horse | Cavalo |
| Rice | Arroz |
| Seeds | Sementes |
| Water | Água |

## Farm #2
### Fazenda #2

| | |
|---|---|
| Animals | Animais |
| Barley | Cevada |
| Barn | Celeiro |
| Beehive | Colmeia |
| Corn | Milho |
| Duck | Pato |
| Farmer | Agricultor |
| Fruit | Fruta |
| Irrigation | Irrigação |
| Lamb | Cordeiro |
| Llama | Lhama |
| Meadow | Prado |
| Milk | Leite |
| Orchard | Pomar |
| Ripe | Maduro |
| Sheep | Ovelha |
| Shepherd | Pastor |
| Tractor | Trator |
| Vegetable | Vegetal |
| Wheat | Trigo |

## Fishing
### Pesca

| | |
|---|---|
| Bait | Isca |
| Basket | Cesta |
| Beach | Praia |
| Boat | Barco |
| Cook | Cozinhar |
| Equipment | Equipamento |
| Exaggeration | Exagero |
| Fins | Barbatanas |
| Gills | Brânquias |
| Hook | Gancho |
| Jaw | Mandíbula |
| Lake | Lago |
| Ocean | Oceano |
| Patience | Paciência |
| River | Rio |
| Season | Temporada |
| Water | Água |
| Weight | Peso |
| Wire | Fio |

## *Flowers*
### Flores

| | |
|---|---|
| **Bouquet** | Buquê |
| **Calendula** | Calêndula |
| **Clover** | Trevo |
| **Daffodil** | Narciso |
| **Daisy** | Margarida |
| **Dandelion** | Dente-De-Leão |
| **Gardenia** | Gardênia |
| **Hibiscus** | Hibisco |
| **Jasmine** | Jasmim |
| **Lavender** | Lavanda |
| **Lilac** | Lilás |
| **Lily** | Lírio |
| **Magnolia** | Magnólia |
| **Orchid** | Orquídea |
| **Peony** | Peônia |
| **Petal** | Pétala |
| **Plumeria** | Plumeria |
| **Poppy** | Papoula |
| **Sunflower** | Girassol |
| **Tulip** | Tulipa |

## *Food #1*
### Comida #1

| | |
|---|---|
| **Apricot** | Damasco |
| **Barley** | Cevada |
| **Basil** | Manjericão |
| **Carrot** | Cenoura |
| **Cinnamon** | Canela |
| **Garlic** | Alho |
| **Juice** | Suco |
| **Lemon** | Limão |
| **Milk** | Leite |
| **Onion** | Cebola |
| **Peanut** | Amendoim |
| **Pear** | Pera |
| **Salad** | Salada |
| **Salt** | Sal |
| **Soup** | Sopa |
| **Spinach** | Espinafre |
| **Strawberry** | Morango |
| **Sugar** | Açúcar |
| **Tuna** | Atum |
| **Turnip** | Nabo |

## *Food #2*
### Comida # 2

| | |
|---|---|
| **Apple** | Maçã |
| **Artichoke** | Alcachofra |
| **Banana** | Banana |
| **Broccoli** | Brócolis |
| **Celery** | Aipo |
| **Cheese** | Queijo |
| **Cherry** | Cereja |
| **Chicken** | Frango |
| **Chocolate** | Chocolate |
| **Egg** | Ovo |
| **Eggplant** | Beringela |
| **Fish** | Peixe |
| **Grape** | Uva |
| **Ham** | Presunto |
| **Kiwi** | Kiwi |
| **Mushroom** | Cogumelo |
| **Rice** | Arroz |
| **Tomato** | Tomate |
| **Wheat** | Trigo |
| **Yogurt** | Iogurte |

## *Fruit*
### Frutas

| | |
|---|---|
| **Apple** | Maçã |
| **Apricot** | Damasco |
| **Avocado** | Abacate |
| **Banana** | Banana |
| **Berry** | Baga |
| **Cherry** | Cereja |
| **Coconut** | Coco |
| **Fig** | Figo |
| **Grape** | Uva |
| **Guava** | Goiaba |
| **Kiwi** | Kiwi |
| **Lemon** | Limão |
| **Mango** | Manga |
| **Melon** | Melão |
| **Nectarine** | Nectarina |
| **Papaya** | Mamão |
| **Peach** | Pêssego |
| **Pear** | Pera |
| **Pineapple** | Abacaxi |
| **Raspberry** | Framboesa |

## *Furniture*
### Móveis

| | |
|---|---|
| **Armchair** | Poltrona |
| **Bed** | Cama |
| **Bench** | Banco |
| **Bookcase** | Estante |
| **Chair** | Cadeira |
| **Couch** | Sofá |
| **Curtains** | Cortinas |
| **Cushions** | Almofadas |
| **Desk** | Mesa |
| **Dresser** | Cômoda |
| **Futon** | Futon |
| **Hammock** | Maca |
| **Mattress** | Colchão |
| **Mirror** | Espelho |
| **Pillow** | Almofada |
| **Rug** | Tapete |
| **Shelves** | Prateleiras |

## *Garden*
### Jardim

| | |
|---|---|
| **Bench** | Banco |
| **Bush** | Arbusto |
| **Fence** | Cerca |
| **Flower** | Flor |
| **Garage** | Garagem |
| **Garden** | Jardim |
| **Grass** | Grama |
| **Hammock** | Maca |
| **Hose** | Mangueira |
| **Lawn** | Gramado |
| **Orchard** | Pomar |
| **Pond** | Lagoa |
| **Porch** | Varanda |
| **Rake** | Ancinho |
| **Shovel** | Pá |
| **Soil** | Solo |
| **Terrace** | Terraço |
| **Trampoline** | Trampolim |
| **Tree** | Árvore |
| **Vine** | Videira |

## Geography
### Geografia

| | |
|---|---|
| **Altitude** | Altitude |
| **Atlas** | Atlas |
| **City** | Cidade |
| **Continent** | Continente |
| **Country** | País |
| **Hemisphere** | Hemisfério |
| **Island** | Ilha |
| **Latitude** | Latitude |
| **Map** | Mapa |
| **Meridian** | Meridiano |
| **Mountain** | Montanha |
| **North** | Norte |
| **Ocean** | Oceano |
| **Region** | Região |
| **River** | Rio |
| **Sea** | Mar |
| **South** | Sul |
| **Territory** | Território |
| **West** | Oeste |
| **World** | Mundo |

## Geology
### Geologia

| | |
|---|---|
| **Acid** | Ácido |
| **Calcium** | Cálcio |
| **Cavern** | Caverna |
| **Continent** | Continente |
| **Coral** | Coral |
| **Crystals** | Cristais |
| **Cycles** | Ciclos |
| **Earthquake** | Terremoto |
| **Erosion** | Erosão |
| **Fossil** | Fóssil |
| **Geyser** | Geyser |
| **Lava** | Lava |
| **Layer** | Camada |
| **Minerals** | Minerais |
| **Plateau** | Platô |
| **Quartz** | Quartzo |
| **Salt** | Sal |
| **Stalactite** | Estalactite |
| **Stone** | Pedra |
| **Volcano** | Vulcão |

## Hair Types
### Tipos de Cabelo

| | |
|---|---|
| **Bald** | Careca |
| **Black** | Preto |
| **Blond** | Loiro |
| **Braided** | Trançado |
| **Braids** | Tranças |
| **Brown** | Marrom |
| **Colored** | Colori |
| **Curls** | Cachos |
| **Curly** | Encaracolado |
| **Dry** | Seco |
| **Gray** | Cinza |
| **Healthy** | Saudável |
| **Long** | Longo |
| **Shiny** | Brilhante |
| **Short** | Curto |
| **Soft** | Suave |
| **Thick** | Grosso |
| **Thin** | Fino |
| **Wavy** | Ondulado |
| **White** | Branco |

## Herbalism
### Herbalismo

| | |
|---|---|
| **Aromatic** | Aromático |
| **Basil** | Manjericão |
| **Beneficial** | Benéfico |
| **Culinary** | Culinário |
| **Fennel** | Funcho |
| **Flavor** | Sabor |
| **Flower** | Flor |
| **Garden** | Jardim |
| **Garlic** | Alho |
| **Green** | Verde |
| **Ingredient** | Ingrediente |
| **Lavender** | Lavanda |
| **Marjoram** | Manjerona |
| **Mint** | Menta |
| **Oregano** | Orégano |
| **Parsley** | Salsa |
| **Plant** | Planta |
| **Rosemary** | Alecrim |
| **Saffron** | Açafrão |
| **Tarragon** | Estragão |

## Hiking
### Caminhada

| | |
|---|---|
| **Animals** | Animais |
| **Boots** | Botas |
| **Camping** | Acampamento |
| **Cliff** | Penhasco |
| **Climate** | Clima |
| **Guides** | Guias |
| **Hazards** | Perigos |
| **Heavy** | Pesado |
| **Map** | Mapa |
| **Mountain** | Montanha |
| **Nature** | Natureza |
| **Orientation** | Orientação |
| **Parks** | Parques |
| **Preparation** | Preparação |
| **Stones** | Pedras |
| **Summit** | Cume |
| **Sun** | Sol |
| **Tired** | Cansado |
| **Water** | Água |
| **Wild** | Selvagem |

## House
### Casa

| | |
|---|---|
| **Attic** | Sótão |
| **Basement** | Porão |
| **Broom** | Vassoura |
| **Curtains** | Cortinas |
| **Door** | Porta |
| **Fence** | Cerca |
| **Fireplace** | Lareira |
| **Floor** | Piso |
| **Furniture** | Mobiliário |
| **Garage** | Garagem |
| **Garden** | Jardim |
| **Keys** | Chaves |
| **Kitchen** | Cozinha |
| **Library** | Biblioteca |
| **Mirror** | Espelho |
| **Roof** | Telhado |
| **Room** | Quarto |
| **Shower** | Chuveiro |
| **Wall** | Parede |
| **Window** | Janela |

## Human Body
### Corpo Humano

| | |
|---|---|
| Ankle | Tornozelo |
| Blood | Sangue |
| Bones | Ossos |
| Brain | Cérebro |
| Chin | Queixo |
| Ear | Orelha |
| Elbow | Cotovelo |
| Face | Rosto |
| Finger | Dedo |
| Hand | Mão |
| Head | Cabeça |
| Heart | Coração |
| Jaw | Mandíbula |
| Knee | Joelho |
| Leg | Perna |
| Mouth | Boca |
| Neck | Pescoço |
| Nose | Nariz |
| Shoulder | Ombro |
| Skin | Pele |

## Insects
### Insetos

| | |
|---|---|
| Ant | Formiga |
| Aphid | Pulgão |
| Bee | Abelha |
| Beetle | Besouro |
| Butterfly | Borboleta |
| Cicada | Cigarra |
| Cockroach | Barata |
| Dragonfly | Libélula |
| Flea | Pulga |
| Grasshopper | Gafanhoto |
| Ladybug | Joaninha |
| Larva | Larva |
| Mantis | Louva-A-Deus |
| Mosquito | Mosquito |
| Moth | Mariposa |
| Termite | Cupim |
| Wasp | Vespa |
| Worm | Minhoca |

## Kitchen
### Cozinha

| | |
|---|---|
| Apron | Aventual |
| Bowl | Tigela |
| Chopsticks | Pauzinhos |
| Cups | Cups |
| Forks | Garfos |
| Freezer | Freezer |
| Grill | Grelha |
| Jar | Jar |
| Jug | Jarro |
| Kettle | Chaleira |
| Knives | Facas |
| Ladle | Concha |
| Napkin | Guardanapo |
| Oven | Forno |
| Recipe | Receita |
| Refrigerator | Geladeira |
| Spices | Especiarias |
| Sponge | Esponja |
| Spoons | Colheres |
| To Eat | Comer |

## Landscapes
### Paisagens

| | |
|---|---|
| Beach | Praia |
| Cave | Caverna |
| Desert | Deserto |
| Geyser | Geyser |
| Glacier | Geleira |
| Hill | Colina |
| Iceberg | Iceberg |
| Island | Ilha |
| Lake | Lago |
| Mountain | Montanha |
| Oasis | Oásis |
| Ocean | Oceano |
| Peninsula | Península |
| River | Rio |
| Sea | Mar |
| Swamp | Pântano |
| Tundra | Tundra |
| Valley | Vale |
| Volcano | Vulcão |
| Waterfall | Cascata |

## Literature
### Literatura

| | |
|---|---|
| Analogy | Analogia |
| Analysis | Análise |
| Anecdote | Anedota |
| Author | Autor |
| Biography | Biografia |
| Comparison | Comparação |
| Conclusion | Conclusão |
| Description | Descrição |
| Dialogue | Diálogo |
| Fiction | Ficção |
| Metaphor | Metáfora |
| Narrator | Narrador |
| Novel | Romance |
| Poem | Poema |
| Poetic | Poético |
| Rhyme | Rima |
| Rhythm | Ritmo |
| Style | Estilo |
| Theme | Tema |
| Tragedy | Tragédia |

## Mammals
### Mamíferos

| | |
|---|---|
| Bear | Urso |
| Beaver | Castor |
| Bull | Touro |
| Cat | Gato |
| Coyote | Coiote |
| Dog | Cão |
| Dolphin | Golfinho |
| Elephant | Elefante |
| Fox | Raposa |
| Giraffe | Girafa |
| Gorilla | Gorila |
| Horse | Cavalo |
| Kangaroo | Canguru |
| Lion | Leão |
| Monkey | Macaco |
| Rabbit | Coelho |
| Sheep | Ovelha |
| Whale | Baleia |
| Wolf | Lobo |
| Zebra | Zebra |

## Math
### Matemática

| | |
|---|---|
| **Angles** | Ângulos |
| **Arithmetic** | Aritmética |
| **Decimal** | Decimal |
| **Diameter** | Diâmetro |
| **Division** | Divisão |
| **Equation** | Equação |
| **Exponent** | Expoente |
| **Fraction** | Fração |
| **Geometry** | Geometria |
| **Numbers** | Números |
| **Parallel** | Paralelo |
| **Parallelogram** | Paralelogramo |
| **Perimeter** | Perímetro |
| **Polygon** | Polígono |
| **Radius** | Raio |
| **Rectangle** | Retângulo |
| **Square** | Quadrado |
| **Symmetry** | Simetria |
| **Triangle** | Triângulo |
| **Volume** | Volume |

## Measurements
### Medições

| | |
|---|---|
| **Byte** | Byte |
| **Centimeter** | Centímetro |
| **Decimal** | Decimal |
| **Degree** | Grau |
| **Depth** | Profundidade |
| **Gram** | Grama |
| **Height** | Altura |
| **Inch** | Polegada |
| **Kilogram** | Quilograma |
| **Kilometer** | Quilômetro |
| **Length** | Comprimento |
| **Liter** | Litro |
| **Mass** | Massa |
| **Meter** | Metro |
| **Minute** | Minuto |
| **Ounce** | Onça |
| **Ton** | Tonelada |
| **Volume** | Volume |
| **Weight** | Peso |
| **Width** | Largura |

## Meditation
### Meditação

| | |
|---|---|
| **Acceptance** | Aceitação |
| **Awake** | Acordado |
| **Breathing** | Respirando |
| **Calm** | Calmo |
| **Clarity** | Clareza |
| **Compassion** | Compaixão |
| **Emotions** | Emoções |
| **Gratitude** | Gratidão |
| **Habits** | Hábitos |
| **Kindness** | Bondade |
| **Mental** | Mental |
| **Mind** | Mente |
| **Movement** | Movimento |
| **Music** | Música |
| **Nature** | Natureza |
| **Peace** | Paz |
| **Perspective** | Perspectiva |
| **Silence** | Silêncio |
| **Thoughts** | Pensamentos |
| **To Learn** | Aprender |

## Musical Instruments
### Instrumentos Musicais

| | |
|---|---|
| **Banjo** | Banjo |
| **Bassoon** | Fagote |
| **Cello** | Violoncelo |
| **Clarinet** | Clarinete |
| **Drum** | Tambor |
| **Drumsticks** | Baquetas |
| **Flute** | Flauta |
| **Gong** | Gongo |
| **Guitar** | Violão |
| **Harp** | Harpa |
| **Mandolin** | Bandolim |
| **Marimba** | Marimba |
| **Oboe** | Oboé |
| **Percussion** | Percussão |
| **Piano** | Piano |
| **Saxophone** | Saxofone |
| **Tambourine** | Pandeiro |
| **Trombone** | Trombone |
| **Trumpet** | Trompete |
| **Violin** | Violino |

## Mythology
### Mitologia

| | |
|---|---|
| **Archetype** | Arquétipo |
| **Behavior** | Comportamento |
| **Beliefs** | Crenças |
| **Creation** | Criação |
| **Creature** | Criatura |
| **Culture** | Cultura |
| **Disaster** | Desastre |
| **Heaven** | Céu |
| **Hero** | Herói |
| **Immortality** | Imortalidade |
| **Jealousy** | Ciúmes |
| **Labyrinth** | Labirinto |
| **Legend** | Lenda |
| **Lightning** | Relâmpago |
| **Monster** | Monstro |
| **Mortal** | Mortal |
| **Revenge** | Vingança |
| **Strength** | Força |
| **Thunder** | Trovão |
| **Warrior** | Guerreiro |

## Nature
### Natureza

| | |
|---|---|
| **Animals** | Animais |
| **Arctic** | Ártico |
| **Beauty** | Beleza |
| **Bees** | Abelhas |
| **Clouds** | Nuvens |
| **Desert** | Deserto |
| **Dynamic** | Dinâmico |
| **Erosion** | Erosão |
| **Fog** | Nevoeiro |
| **Foliage** | Folhagem |
| **Forest** | Floresta |
| **Glacier** | Geleira |
| **Mountains** | Montanhas |
| **Peaceful** | Pacífico |
| **River** | Rio |
| **Sanctuary** | Santuário |
| **Serene** | Sereno |
| **Tropical** | Tropical |
| **Vital** | Vital |
| **Wild** | Selvagem |

## *Numbers*
Números

| | |
|---|---|
| **Decimal** | Decimal |
| **Eight** | Oito |
| **Eighteen** | Dezoito |
| **Fifteen** | Quinze |
| **Five** | Cinco |
| **Four** | Quatro |
| **Fourteen** | Quatorze |
| **Nine** | Nove |
| **Nineteen** | Dezenove |
| **One** | Um |
| **Seven** | Sete |
| **Seventeen** | Dezessete |
| **Six** | Seis |
| **Sixteen** | Dezesseis |
| **Ten** | Dez |
| **Thirteen** | Treze |
| **Three** | Três |
| **Twelve** | Doze |
| **Twenty** | Vinte |
| **Two** | Dois |

## *Nutrition*
Nutrição

| | |
|---|---|
| **Appetite** | Apetite |
| **Balanced** | Equilibrado |
| **Bitter** | Amargo |
| **Calories** | Calorias |
| **Carbohydrates** | Carboidratos |
| **Diet** | Dieta |
| **Digestion** | Digestão |
| **Edible** | Comestível |
| **Fermentation** | Fermentação |
| **Flavor** | Sabor |
| **Habits** | Hábitos |
| **Health** | Saúde |
| **Healthy** | Saudável |
| **Nutrient** | Nutriente |
| **Proteins** | Proteínas |
| **Quality** | Qualidade |
| **Sauce** | Molho |
| **Toxin** | Toxina |
| **Vitamin** | Vitamina |
| **Weight** | Peso |

## *Ocean*
Oceano

| | |
|---|---|
| **Algae** | Alga |
| **Coral** | Coral |
| **Crab** | Caranguejo |
| **Dolphin** | Golfinho |
| **Eel** | Enguia |
| **Fish** | Peixe |
| **Jellyfish** | Medusa |
| **Octopus** | Polvo |
| **Oyster** | Ostra |
| **Reef** | Recife |
| **Salt** | Sal |
| **Shark** | Tubarão |
| **Shrimp** | Camarão |
| **Sponge** | Esponja |
| **Storm** | Tempestade |
| **Tides** | Marés |
| **Tuna** | Atum |
| **Turtle** | Tartaruga |
| **Waves** | Ondas |
| **Whale** | Baleia |

## *Pets*
Animais de Estimação

| | |
|---|---|
| **Cat** | Gato |
| **Claws** | Garras |
| **Collar** | Colarinho |
| **Cow** | Vaca |
| **Dog** | Cão |
| **Fish** | Peixe |
| **Goat** | Cabra |
| **Hamster** | Hamster |
| **Kitten** | Gatinho |
| **Lizard** | Lagarto |
| **Mouse** | Mouse |
| **Parrot** | Papagaio |
| **Puppy** | Cachorro |
| **Rabbit** | Coelho |
| **Tail** | Cauda |
| **Turtle** | Tartaruga |
| **Veterinarian** | Veterinário |
| **Water** | Água |

## *Pirates*
Piratas

| | |
|---|---|
| **Adventure** | Aventura |
| **Anchor** | Âncora |
| **Bad** | Mau |
| **Beach** | Praia |
| **Captain** | Capitão |
| **Cave** | Caverna |
| **Coins** | Moedas |
| **Compass** | Bússola |
| **Crew** | Tripulação |
| **Danger** | Perigo |
| **Flag** | Bandeira |
| **Gold** | Ouro |
| **Island** | Ilha |
| **Legend** | Lenda |
| **Map** | Mapa |
| **Parrot** | Papagaio |
| **Rum** | Rum |
| **Scar** | Cicatriz |
| **Sword** | Espada |
| **Treasure** | Tesouro |

## *Plants*
Plantas

| | |
|---|---|
| **Bamboo** | Bambu |
| **Bean** | Feijão |
| **Berry** | Baga |
| **Botany** | Botânica |
| **Bush** | Arbusto |
| **Cactus** | Cacto |
| **Fertilizer** | Fertilizante |
| **Flora** | Flora |
| **Flower** | Flor |
| **Foliage** | Folhagem |
| **Forest** | Floresta |
| **Garden** | Jardim |
| **Grass** | Grama |
| **Ivy** | Hera |
| **Moss** | Musgo |
| **Petal** | Pétala |
| **Root** | Raiz |
| **Stem** | Caule |
| **Tree** | Árvore |
| **Vegetation** | Vegetação |

## Professions #1
### Profissões #1

| | |
|---|---|
| **Ambassador** | Embaixador |
| **Astronomer** | Astrônomo |
| **Attorney** | Advogado |
| **Banker** | Banqueiro |
| **Cartographer** | Cartógrafo |
| **Coach** | Treinador |
| **Dancer** | Dançarino |
| **Doctor** | Doutor |
| **Editor** | Editor |
| **Geologist** | Geólogo |
| **Hunter** | Caçador |
| **Jeweler** | Joalheiro |
| **Musician** | Músico |
| **Nurse** | Enfermeira |
| **Pianist** | Pianista |
| **Plumber** | Encanador |
| **Psychologist** | Psicólogo |
| **Sailor** | Marinheiro |
| **Tailor** | Alfaiate |
| **Veterinarian** | Veterinário |

## Professions #2
### Profissões #2

| | |
|---|---|
| **Astronaut** | Astronauta |
| **Biologist** | Biólogo |
| **Dentist** | Dentista |
| **Detective** | Detetive |
| **Engineer** | Engenheiro |
| **Farmer** | Agricultor |
| **Gardener** | Jardineiro |
| **Illustrator** | Ilustrador |
| **Inventor** | Inventor |
| **Journalist** | Jornalista |
| **Librarian** | Bibliotecário |
| **Linguist** | Linguista |
| **Painter** | Pintor |
| **Philosopher** | Filósofo |
| **Photographer** | Fotógrafo |
| **Physician** | Médico |
| **Pilot** | Piloto |
| **Surgeon** | Cirurgião |
| **Teacher** | Professor |
| **Zoologist** | Zoólogo |

## Rainforest
### Floresta Tropical

| | |
|---|---|
| **Amphibians** | Anfíbios |
| **Birds** | Pássaros |
| **Botanical** | Botânico |
| **Climate** | Clima |
| **Clouds** | Nuvens |
| **Community** | Comunidade |
| **Diversity** | Diversidade |
| **Indigenous** | Indígena |
| **Insects** | Insetos |
| **Jungle** | Selva |
| **Mammals** | Mamíferos |
| **Moss** | Musgo |
| **Nature** | Natureza |
| **Preservation** | Preservação |
| **Refuge** | Refúgio |
| **Respect** | Respeito |
| **Restoration** | Restauração |
| **Species** | Espécies |
| **Survival** | Sobrevivência |
| **Valuable** | Valioso |

## Restaurant #1
### Restaurante #1

| | |
|---|---|
| **Allergy** | Alergia |
| **Bowl** | Tigela |
| **Bread** | Pão |
| **Cashier** | Caixa |
| **Chicken** | Frango |
| **Coffee** | Café |
| **Dessert** | Sobremesa |
| **Ingredients** | Ingredientes |
| **Kitchen** | Cozinha |
| **Knife** | Faca |
| **Meat** | Carne |
| **Menu** | Menu |
| **Napkin** | Guardanapo |
| **Plate** | Placa |
| **Reservation** | Reserva |
| **Sauce** | Molho |
| **Spicy** | Picante |
| **To Eat** | Comer |
| **Waitress** | Garçonete |

## Restaurant #2
### Restaurante # 2

| | |
|---|---|
| **Beverage** | Bebida |
| **Cake** | Bolo |
| **Chair** | Cadeira |
| **Delicious** | Delicioso |
| **Dinner** | Jantar |
| **Eggs** | Ovo |
| **Fish** | Peixe |
| **Fork** | Garfo |
| **Fruit** | Fruta |
| **Ice** | Gelo |
| **Lunch** | Almoço |
| **Noodles** | Macarrão |
| **Salad** | Salada |
| **Salt** | Sal |
| **Soup** | Sopa |
| **Spices** | Especiarias |
| **Spoon** | Colher |
| **Vegetables** | Legumes |
| **Waiter** | Garçom |
| **Water** | Água |

## School #1
### Escola #1

| | |
|---|---|
| **Alphabet** | Alfabeto |
| **Answers** | Respostas |
| **Books** | Livros |
| **Chair** | Cadeira |
| **Desk** | Mesa |
| **Exams** | Exames |
| **Folders** | Pastas |
| **Friends** | Amigos |
| **Library** | Biblioteca |
| **Lunch** | Almoço |
| **Markers** | Marcadores |
| **Math** | Matemática |
| **Numbers** | Números |
| **Paper** | Papel |
| **Pencil** | Lápis |
| **Pens** | Canetas |
| **Quiz** | Questionário |
| **Teacher** | Professor |
| **To Learn** | Aprender |

## School #2
### Escola # 2

| | |
|---|---|
| Academic | Acadêmico |
| Activities | Atividades |
| Backpack | Mochila |
| Books | Livros |
| Bus | Ônibus |
| Calendar | Calendário |
| Computer | Computador |
| Dictionary | Dicionário |
| Education | Educação |
| Eraser | Apagador |
| Friends | Amigos |
| Grammar | Gramática |
| Library | Biblioteca |
| Literature | Literatura |
| Paper | Papel |
| Pencil | Lápis |
| Science | Ciência |
| Scissors | Tesoura |
| Supplies | Suprimentos |
| Teacher | Professor |

## Science
### Ciência

| | |
|---|---|
| Atom | Átomo |
| Chemical | Químico |
| Climate | Clima |
| Data | Dados |
| Evolution | Evolução |
| Experiment | Experiência |
| Fact | Fato |
| Fossil | Fóssil |
| Gravity | Gravidade |
| Hypothesis | Hipótese |
| Laboratory | Laboratório |
| Method | Método |
| Minerals | Minerais |
| Molecules | Moléculas |
| Nature | Natureza |
| Organism | Organismo |
| Particles | Partículas |
| Physics | Física |
| Plants | Plantas |
| Scientist | Cientista |

## Science Fiction
### Ficção Científica

| | |
|---|---|
| Atomic | Atómico |
| Books | Livros |
| Cinema | Cinema |
| Clones | Clones |
| Dystopia | Distopia |
| Explosion | Explosão |
| Extreme | Extremo |
| Fantastic | Fantástico |
| Fire | Fogo |
| Futuristic | Futurista |
| Galaxy | Galáxia |
| Illusion | Ilusão |
| Imaginary | Imaginário |
| Mysterious | Misterioso |
| Oracle | Oráculo |
| Planet | Planeta |
| Robots | Robôs |
| Technology | Tecnologia |
| Utopia | Utopia |
| World | Mundo |

## Scientific Disciplines
### Disciplinas Científicas

| | |
|---|---|
| Anatomy | Anatomia |
| Archaeology | Arqueologia |
| Astronomy | Astronomia |
| Biochemistry | Bioquímica |
| Biology | Biologia |
| Botany | Botânica |
| Chemistry | Química |
| Ecology | Ecologia |
| Geology | Geologia |
| Immunology | Imunologia |
| Kinesiology | Cinesiologia |
| Linguistics | Linguística |
| Mechanics | Mecânica |
| Mineralogy | Mineralogia |
| Neurology | Neurologia |
| Physiology | Fisiologia |
| Psychology | Psicologia |
| Sociology | Sociologia |
| Thermodynamics | Termodinâmica |
| Zoology | Zoologia |

## Shapes
### Formas

| | |
|---|---|
| Arc | Arco |
| Circle | Círculo |
| Cone | Cone |
| Corner | Canto |
| Cube | Cubo |
| Curve | Curva |
| Cylinder | Cilindro |
| Ellipse | Elipse |
| Hyperbola | Hipérbole |
| Line | Linha |
| Oval | Oval |
| Polygon | Polígono |
| Prism | Prisma |
| Pyramid | Pirâmide |
| Rectangle | Retângulo |
| Side | Lado |
| Sphere | Esfera |
| Square | Quadrado |
| Triangle | Triângulo |

## Sounds
### Sons

| | |
|---|---|
| Bell | Sino |
| Chorus | Coro |
| Clap | Aplaudir |
| Concert | Concerto |
| Cough | Tosse |
| Echo | Eco |
| Groan | Gemer |
| Laughter | Riso |
| Loud | Alto |
| Noisy | Ruidoso |
| Repetitive | Repetitivo |
| Resonant | Ressonante |
| Sirens | Sirenes |
| Vibration | Vibração |
| Voices | Vozes |
| Whisper | Sussurrar |
| Whistle | Apito |

## Spices
### Especiarias

| | |
|---|---|
| **Anise** | Anis |
| **Bitter** | Amargo |
| **Cardamom** | Cardamomo |
| **Cinnamon** | Canela |
| **Clove** | Cravo |
| **Coriander** | Coentro |
| **Cumin** | Cominho |
| **Curry** | Caril |
| **Fennel** | Funcho |
| **Fenugreek** | Feno-Grego |
| **Flavor** | Sabor |
| **Garlic** | Alho |
| **Ginger** | Gengibre |
| **Nutmeg** | Noz-Moscada |
| **Onion** | Cebola |
| **Paprika** | Páprica |
| **Saffron** | Açafrão |
| **Salt** | Sal |
| **Sweet** | Doce |
| **Vanilla** | Baunilha |

## Sports
### Esportes

| | |
|---|---|
| **Athlete** | Atleta |
| **Baseball** | Beisebol |
| **Basketball** | Basquete |
| **Bicycle** | Bicicleta |
| **Championship** | Campeonato |
| **Coach** | Treinador |
| **Game** | Jogo |
| **Golf** | Golfe |
| **Gymnasium** | Ginásio |
| **Gymnastics** | Ginástica |
| **Hockey** | Hóquei |
| **Movement** | Movimento |
| **Player** | Jogador |
| **Referee** | Árbitro |
| **Stadium** | Estádio |
| **Team** | Equipe |
| **Tennis** | Tênis |
| **Winner** | Ganhador |

## Summer
### Verão

| | |
|---|---|
| **Beach** | Praia |
| **Books** | Livros |
| **Camping** | Acampamento |
| **Diving** | Mergulho |
| **Family** | Família |
| **Friends** | Amigos |
| **Games** | Jogos |
| **Garden** | Jardim |
| **Home** | Casa |
| **Joy** | Alegria |
| **Leisure** | Lazer |
| **Music** | Música |
| **Relaxation** | Relaxamento |
| **Sandals** | Sandálias |
| **Sea** | Mar |
| **Stars** | Estrelas |
| **Travel** | Viagem |

## Technology
### Tecnologia

| | |
|---|---|
| **Blog** | Blog |
| **Browser** | Navegador |
| **Bytes** | Bytes |
| **Camera** | Câmera |
| **Computer** | Computador |
| **Cursor** | Cursor |
| **Data** | Dados |
| **Digital** | Digital |
| **File** | Arquivo |
| **Font** | Fonte |
| **Internet** | Internet |
| **Message** | Mensagem |
| **Research** | Pesquisa |
| **Screen** | Tela |
| **Security** | Segurança |
| **Software** | Software |
| **Statistics** | Estatísticas |
| **Virtual** | Virtual |
| **Virus** | Vírus |

## Time
### Tempo

| | |
|---|---|
| **Annual** | Anual |
| **Before** | Antes |
| **Calendar** | Calendário |
| **Century** | Século |
| **Clock** | Relógio |
| **Day** | Dia |
| **Decade** | Década |
| **Early** | Cedo |
| **Future** | Futuro |
| **Hour** | Hora |
| **Minute** | Minuto |
| **Month** | Mês |
| **Morning** | Manhã |
| **Night** | Noite |
| **Noon** | Meio-Dia |
| **Now** | Agora |
| **Soon** | Em Breve |
| **Today** | Hoje |
| **Week** | Semana |
| **Year** | Ano |

## To Fill
### Preencher

| | |
|---|---|
| **Bag** | Saco |
| **Barrel** | Barril |
| **Basin** | Bacia |
| **Basket** | Cesta |
| **Bottle** | Garrafa |
| **Box** | Caixa |
| **Bucket** | Balde |
| **Drawer** | Gaveta |
| **Envelope** | Envelope |
| **Folder** | Pasta |
| **Jar** | Jar |
| **Packet** | Pacote |
| **Pocket** | Bolso |
| **Suitcase** | Mala |
| **Tray** | Bandeja |
| **Tube** | Tubo |
| **Vase** | Vaso |
| **Vessel** | Navio |

## Tools
### Ferramentas

| | |
|---|---|
| **Axe** | Machado |
| **Cable** | Cabo |
| **Glue** | Cola |
| **Hammer** | Martelo |
| **Knife** | Faca |
| **Ladder** | Escada |
| **Mallet** | Malho |
| **Pliers** | Alicate |
| **Razor** | Navalha |
| **Rope** | Corda |
| **Scissors** | Tesoura |
| **Screw** | Parafuso |
| **Shovel** | Pá |
| **Staple** | Grampo |
| **Stapler** | Grampeador |
| **Torch** | Tocha |
| **Wheel** | Roda |

## Town
### Cidade

| | |
|---|---|
| **Airport** | Aeroporto |
| **Bakery** | Padaria |
| **Bank** | Banco |
| **Bookstore** | Livraria |
| **Cinema** | Cinema |
| **Clinic** | Clínica |
| **Florist** | Florista |
| **Gallery** | Galeria |
| **Hotel** | Hotel |
| **Library** | Biblioteca |
| **Market** | Mercado |
| **Museum** | Museu |
| **Pharmacy** | Farmácia |
| **Restaurant** | Restaurante |
| **School** | Escola |
| **Stadium** | Estádio |
| **Store** | Loja |
| **Supermarket** | Supermercado |
| **Theater** | Teatro |
| **University** | Universidade |

## Toys
### Brinquedos

| | |
|---|---|
| **Airplane** | Avião |
| **Ball** | Bola |
| **Bicycle** | Bicicleta |
| **Boat** | Barco |
| **Books** | Livros |
| **Car** | Carro |
| **Chess** | Xadrez |
| **Clay** | Argila |
| **Crafts** | Artesanato |
| **Doll** | Boneca |
| **Drums** | Bateria |
| **Favorite** | Favorito |
| **Games** | Jogos |
| **Imagination** | Imaginação |
| **Kite** | Pipa |
| **Paints** | Tintas |
| **Robot** | Robô |
| **Truck** | Caminhão |

## Vacation #2
### Férias #2

| | |
|---|---|
| **Airport** | Aeroporto |
| **Beach** | Praia |
| **Camping** | Acampamento |
| **Destination** | Destino |
| **Foreigner** | Estrangeiro |
| **Holiday** | Feriado |
| **Hotel** | Hotel |
| **Island** | Ilha |
| **Journey** | Viagem |
| **Leisure** | Lazer |
| **Map** | Mapa |
| **Mountains** | Montanhas |
| **Passport** | Passaporte |
| **Reservations** | Reservas |
| **Restaurant** | Restaurante |
| **Sea** | Mar |
| **Taxi** | Táxi |
| **Tent** | Tenda |
| **Transportation** | Transporte |
| **Visa** | Visto |

## Vegetables
### Vegetais

| | |
|---|---|
| **Artichoke** | Alcachofra |
| **Broccoli** | Brócolis |
| **Carrot** | Cenoura |
| **Cauliflower** | Couve-Flor |
| **Celery** | Aipo |
| **Cucumber** | Pepino |
| **Eggplant** | Beringela |
| **Garlic** | Alho |
| **Ginger** | Gengibre |
| **Mushroom** | Cogumelo |
| **Onion** | Cebola |
| **Parsley** | Salsa |
| **Pea** | Ervilha |
| **Pumpkin** | Abóbora |
| **Radish** | Rabanete |
| **Salad** | Salada |
| **Shallot** | Chalota |
| **Spinach** | Espinafre |
| **Tomato** | Tomate |
| **Turnip** | Nabo |

## Vehicles
### Veículos

| | |
|---|---|
| **Airplane** | Avião |
| **Ambulance** | Ambulância |
| **Bicycle** | Bicicleta |
| **Boat** | Barco |
| **Bus** | Ônibus |
| **Car** | Carro |
| **Caravan** | Caravana |
| **Ferry** | Balsa |
| **Helicopter** | Helicóptero |
| **Motor** | Motor |
| **Raft** | Jangada |
| **Rocket** | Foguete |
| **Scooter** | Lambreta |
| **Shuttle** | Transporte |
| **Submarine** | Submarino |
| **Subway** | Metrô |
| **Taxi** | Táxi |
| **Tires** | Pneus |
| **Tractor** | Trator |
| **Truck** | Caminhão |

## Virtues #1
Virtudes #1

| | |
|---|---|
| Artistic | Artístico |
| Charming | Encantador |
| Clean | Limpo |
| Confident | Confiante |
| Curious | Curioso |
| Decisive | Decisivo |
| Efficient | Eficiente |
| Funny | Engraçado |
| Generous | Generoso |
| Good | Bom |
| Helpful | Útil |
| Imaginative | Imaginativo |
| Independent | Independente |
| Intelligent | Inteligente |
| Modest | Modesto |
| Passionate | Apaixonado |
| Patient | Paciente |
| Practical | Prático |
| Wise | Sábio |

## Visual Arts
Artes Visuais

| | |
|---|---|
| Architecture | Arquitetura |
| Artist | Artista |
| Ceramics | Cerâmica |
| Chalk | Giz |
| Charcoal | Carvão |
| Clay | Argila |
| Composition | Composição |
| Creativity | Criatividade |
| Easel | Cavalete |
| Film | Filme |
| Masterpiece | Obra-Prima |
| Painting | Pintura |
| Pen | Caneta |
| Pencil | Lápis |
| Perspective | Perspectiva |
| Photograph | Fotografia |
| Portrait | Retrato |
| Sculpture | Escultura |
| Stencil | Estêncil |
| Wax | Cera |

## Water
Água

| | |
|---|---|
| Canal | Canal |
| Drinkable | Potável |
| Evaporation | Evaporação |
| Flood | Inundação |
| Frost | Geada |
| Geyser | Geyser |
| Hurricane | Furacão |
| Ice | Gelo |
| Irrigation | Irrigação |
| Lake | Lago |
| Moisture | Umidade |
| Monsoon | Monção |
| Ocean | Oceano |
| Rain | Chuva |
| River | Rio |
| Shower | Chuveiro |
| Snow | Neve |
| Steam | Vapor |
| Waves | Ondas |

## Weather
Clima

| | |
|---|---|
| Atmosphere | Atmosfera |
| Breeze | Brisa |
| Climate | Clima |
| Cloud | Nuvem |
| Drought | Seca |
| Dry | Seco |
| Fog | Nevoeiro |
| Hurricane | Furacão |
| Ice | Gelo |
| Lightning | Relâmpago |
| Monsoon | Monção |
| Polar | Polar |
| Rainbow | Arco-Íris |
| Sky | Céu |
| Storm | Tempestade |
| Temperature | Temperatura |
| Thunder | Trovão |
| Tornado | Tornado |
| Tropical | Tropical |
| Wind | Vento |

# Congratulations

**You made it!**

We hope you enjoyed this book as much as we enjoyed making it. We do our best to make high quality games.
These puzzles are designed in a clever way for you to learn actively while having fun!

Did you love them?

-------

## A Simple Request

Our books exist thanks your reviews. Could you help us by leaving one now?

Here is a short link which will take you to your order review page:

**BestBooksActivity.com/Review50**

# MONSTER CHALLENGE!

## Challenge #1

Ready for Your Bonus Game? We use them all the time but they are not so easy to find. Here are **Synonyms**!

Note 5 words you discovered in each of the Puzzles noted below (#21, #36, #76) and try to find 2 synonyms for each word.

### Note 5 Words from **Puzzle 21**

| Words | Synonym 1 | Synonym 2 |
|---|---|---|
|  |  |  |
|  |  |  |
|  |  |  |
|  |  |  |
|  |  |  |

### Note 5 Words from **Puzzle 36**

| Words | Synonym 1 | Synonym 2 |
|---|---|---|
|  |  |  |
|  |  |  |
|  |  |  |
|  |  |  |
|  |  |  |

### Note 5 Words from **Puzzle 76**

| Words | Synonym 1 | Synonym 2 |
|---|---|---|
|  |  |  |
|  |  |  |
|  |  |  |
|  |  |  |
|  |  |  |

# Challenge #2

Now that you are warmed-up, note 5 words you discovered in each Puzzle noted below (#9, #17, #25) and try to find 2 antonyms for each word. How many lines can you do in 20 minutes?

*Note 5 Words from **Puzzle 9***

| Words | Antonym 1 | Antonym 2 |
|-------|-----------|-----------|
|       |           |           |
|       |           |           |
|       |           |           |
|       |           |           |
|       |           |           |

*Note 5 Words from **Puzzle 17***

| Words | Antonym 1 | Antonym 2 |
|-------|-----------|-----------|
|       |           |           |
|       |           |           |
|       |           |           |
|       |           |           |
|       |           |           |

*Note 5 Words from **Puzzle 25***

| Words | Antonym 1 | Antonym 2 |
|-------|-----------|-----------|
|       |           |           |
|       |           |           |
|       |           |           |
|       |           |           |
|       |           |           |

# Challenge #3

Wonderful, this monster challenge is nothing to you!

Ready for the last one? Choose your 10 favorite words discovered in any of the Puzzles and note them below.

| 1. | 6. |
|---|---|
| 2. | 7. |
| 3. | 8. |
| 4. | 9. |
| 5. | 10. |

Now, using these words and within a maximum of six sentences, your challenge is to compose a text about a person, animal or place that you love!

*Tip: You can use the last blank page of this book as a draft!*

## Your Writing:

# Explore a Unique Store Set Up **FOR YOU!**

**MEGA DEALS**

BestActivityBooks.com/**TheStore**

Designed for Entertainment!

Light Up Your Brain With Unique **Gift Ideas**.

Access **Surprising** And **Essential Supplies!**

CHECK OUT OUR MONTHLY SELECTION NOW!

- **Expertly Crafted Products** -

# NOTEBOOK:

# SEE YOU SOON!

*Linguas Classics Team*

# ENJOY FREE GAMES

## NOW ON

↓

**BESTACTIVITYBOOKS.COM/FREEGAMES**

www.ingramcontent.com/pod-product-compliance
Lightning Source LLC
LaVergne TN
LVHW060318080526
838202LV00053B/4367